Hubert Wurz

Schwungvoll in den Tag

Hubert Wurz

Schwungvoll in den Tag

Gruß an die Sonne

Fromm Verlag

Imprint

Any brand names and product names mentioned in this book are subject to trademark, brand or patent protection and are trademarks or registered trademarks of their respective holders. The use of brand names, product names, common names, trade names, product descriptions etc. even without a particular marking in this work is in no way to be construed to mean that such names may be regarded as unrestricted in respect of trademark and brand protection legislation and could thus be used by anyone.

Cover image: Vom Autor bereitgestellt

Publisher:
Fromm Verlag
is a trademark of
International Book Market Service Ltd., member of OmniScriptum Publishing Group
17 Meldrum Street, Beau Bassin 71504, Mauritius

Printed at: see last page
ISBN: 978-613-8-36479-5

Inhalt

Vorwort

Den Morgen schwungvoll und mit Energie beginnen, wer wollte das nicht. Dieses Büchlein leitet Sie Schritt für Schritt an. Der Autor erklärt die zwölf Übungen. Eine Ergänzung sind die begleitenden Texte als Impulse für den Tag. Dann beleuchtet er den kulturgeschichtlichen und religiösen Hintergrund. Der Übungszyklus „Gruß an die Sonne“ kann auf eine lange indische Tradition zurück blicken. Der „achtgliedrige Pfad“ von Patanjali verdeutlicht das. Er ist der klassische Weg von außen nach innen. Im dritten Teil beschreibt der Autor die gegenwärtige Yoga Szene. „Yoga“ hat sich in unserer Gesellschaft etabliert. Es trägt zur Gesundheit bei. Es wird immer stärker von Ärzten der Alternativmedizin empfohlen. Andere, hier und in den USA entstandene Körpertherapien weiten den Blick. „Fragen und Antworten“ über „Yoga“ folgen als letzten Teil. Ein Glossar hilft zum Verstehen der indischen Begriffe. Eine Übersicht über die Literatur zum „Thema“ bildet den Abschluss.

Einleitung

Wie mich "Yoga" als Franziskaner auf meinem Weg begleitet

Während meines Theologiestudiums von 1963 bis 1967 an der ordenseigenen Hochschule in Fulda kam ich auf interessante Weise mit "Yoga" in Berührung. Auf die beiden Bücher "Yoga für Christen" und "Mein Yoga in 10 Lektionen" wurde ich durch einen Mitbruder aufmerksam gemacht. Der Autor ist Jean – Marie Dechanet, ein französischer Benediktiner. Beide Bücher sind 1959 und 1963 im Räber Verlag erschienen. Sportliche Betätigung war für uns Kloster Studenten aufs Fußballspielen und Wandern beschränkt. Einfache Yogaübungen war für mich ideal. Ich konnte für mich auf dem Zimmer üben. Nach Abschluss der Ausbildung kam ich als Internatspädagoge nach Hadamar bei Limburg. 1970 organisierte ich dort die ersten Yogakurse. 1972 wurde mir eine Seminarwoche in Hofgeismar / Hessen unter dem Thema „Yoga – Sport oder Religion" empfohlen. Referent war Dr. Rocque Lobo. Er leitete an der VHS in München die Abteilung „ Yoga und Religion". In den darauffolgenden Jahren hielt ich Kontakt mit ihm. 1985 schließlich konnte ich eine dreijährige berufsbegleitende Ausbildung zum Yogalehrer machen. Sie nannte sich „Integriertes Psychosomatisches Gesundheitstraining nach Yoga und Ayurveda", IPSG. 1992 wechselte ich in das ordenseigenen Bildungshaus in Hofheim bei Frankfurt. Jetzt konnte ich verstärkt Yogakurse anbieten. Yogaelemente setzte ich auch in Fasten- und Meditationskursen ein.
In Hofheim wurde ich 1995 gebeten, etwas über das "Indische Sonnengebet" zu schreiben. So wagte ich mich ans Bücherschreiben. Der Pattloch Verlag in Augsburg brachte dann 1996 das Buch „Das indische Sonnengebet" heraus. Wichtige Impulse erhielt ich während meines Indienaufenthaltes im Herbst 2000 bis Frühjahr 2001. In dieser Zeit konnte ich die südindische Kultur und Lebensweise kennenlernen. Aus diesen Erfahrungen heraus entstand ein zweites Büchlein. Es erschien 2002 im Herder Verlag: „Das Sonnengebet. Eine Übungsfolge aus dem Hatha – Yoga." Das Thema und seine Aktualisierung ließ mir keine Ruhe. So erschien 2009 im Novum Pro Verlag das dritte Buch „Erhelle dein Leben". Was Sie nun in Händen haben, ist eine Neuauflage. Nach der genauen Beschreibung des Übungszyklus erkläre ich den klassischen Yoga Weg von außen nach innen nach der Schule des Patanjali. Er nennt sich der „achtgliedrigen Pfad". Dann gebe ich einen Überblick über die aktuellen Yogarichtungen. Schließlich beschreibe ich einige weniger bekannte westliche Physiotherapien.

Teil I "Gruß an die Sonne" - üben und erleben

1 Rhythmisch leben, gesund leben

Der „Gruß an die Sonne" ist eine rhythmische Körperübung. Sie setzt sich aus verschiedenen Elementen zusammen. Genauer betrachtet stellt sie eine Wellenlinie dar. Was bedeutet das? Rhythmus bestimmt unser Leben – vom ersten bis zum letzten Atemzug. Wir sind in den Grundrhythmus der Sonnen- und Mondbahn eingebettet. Der Nacht- und Tagrhythmus bestimmt uns.
Alle Körperfunktionen haben einen eigenen Rhythmus. Die Dauer der rhythmischen Schwingungen reichen dabei von Sekunden bis hin zu Jahren. Die Zellteilung erfolgt schneller als ein Augenblick. Die roten Blutkörperchen werden alle 120 Tage, also alle vier Monate, neu gebildet. Nach sieben Jahren hat sich der gesamte Organismus einmal erneuert. Kann der Organismus seinem inneren Rhythmus folgen, ist er gesund. Die chronischen Krankheiten sind fast alle auf die Nichtbeachtung der Gesetze vom Rhythmus unserer Zellen, Gewebe und Organe zurückzuführen. Man weiß heute, dass die Abstimmung unserer Körperrhythmen nicht nur von einem Gehirnorgan (Hypothalamus) abhängig ist. Es gibt mehrere Zentren, die die Organschwingungen koordinieren. Wie können wir das verstehen und nutzen? Wir sind ein „dreigliedriger Organismus".
Der "Kopf" sitzt oben, das "Herz" liegt in der Mitte, der "Bauch" bildet die Basis. Die gut behüteten wichtigen Organe im Gehirn sind drei ineinander liegende und vernetzte Gehirnteile. Sie leben im Rhythmus. Das Herz-Kreislauf-Lungensystem wird vom zentralen Rhythmusorgan "Herz" in Schwingung gehalten. Der Atem hat eine rhythmische Struktur. Auf das Ausatmen folgt eine Pause, dann kommt das Einatmen mit einer Pause. Schließlich wieder das Ausatmen. Selbst die Bauchorgane lieben den Rhythmus. Allerdings einen sehr langsamen. Sie leben rundum gesund, wenn die Nahrungsaufnahme und die Abgabe des Verdauten "regelmäßig" erfolgen. Mit den Beinen und Armen gehen wir bewusst oder automatisch in einem Rhythmus. Impulse erhält auch das vielfältige Nervensystem.
Alle Vorgänge werden aufeinander abgestimmt. Ilm Laufe der Zeit spüren Sie die positiven Wirkungen.
Unsere arrhythmische Lebensweise ist uns meist nicht bewusst. Wir leben gegen unsere natürlichen Rhythmen. Unser Alltag hat sich an die Hochtechnologie angeglichen. Wir müssen Leistung bringen. Wir funktionieren. Wir müssen Geld verdienen. Die digitale Revolution begeistert viele. Wir sind abhängig. Wir merken es nicht. Wir sind jedoch ein lebendiger, sehr sensibler, anpassungsfähiger, aber auch störanfälliger Organismus. Pflegen wir dieses wunderbare Instrument?
Der "Sonnengruß" bietet Ihnen einen Weg dazu.

2 Wie stimme ich mich ein?

Jeden Morgen geht die Sonne auf. Aber schon früher wird es langsam hell. Das Helle, ganz sacht und immer stärker werdend, ist der Vorbote der Sonne. Ein neuer Tag beginnt. Ich stehe jeden Morgen um sechs Uhr auf. Das ist für mich eine gute Zeit. Ich kann gar nicht mehr länger schlafen. Wir haben einen Schlafrhythmus. Ich merke, wenn ich mich nicht an ihn halte, gerät der ganze Tag durcheinander. Nicht immer empfinde ich das Aufstehen als eine Selbstverständlichkeit. Mit zunehmendem Alter fällt es mir schwerer. Kommen noch gesundheitliche Probleme, schlechter und unterbrochener Schlaf dazu, muss ich mich sehr überwinden. Aber die Körperübung, den "Gruß an die Sonne", begleitet mich seit Jahrzehnten. Egal, wo ich bin, ich mache wenigstens einige Übungen aus diesem Zyklus. Ich weiß, sie ist anspruchsvoll. Sie setzt eine gute Beweglichkeit voraus. Aber die klassische Abfolge ist offen. Sie lässt sich mit etwas Phantasie individuell gestalten. Auch die zeitliche Länge ist nicht vorgeschrieben. Ich entscheide selbst, wieviel Zeit ich am Morgen habe. Ich habe die Erfahrung gemacht, dass es hilfreich ist, sich eine bestimmte Zeit vorzunehmen - dieser Morgenbeginn mir gut tut. Ich spüre meinen Körper. Das Atmen wird mir bewusst. Die Übungen vertreiben regelrecht die morgendliche Müdigkeit. Jeder Tag ist ein Geschenk. Oft wird der Tag zu einer Pflichtübung.

Wie beginne ich

Yogaübungen, auch die einfachsten, müssen genau, langsam und bewusst ausgeführt werden. Die exakte Beschreibung ist keine Schikane. Die einzelnen Schritte sind genau beschrieben. Am Anfang üben Sie langsam und genau. Der Morgen nach dem Aufstehen ist dafür gut geeignet. Oft ist der Tagesbeginn etwas mühsam. Um in die „Gänge" zu kommen, sind die Körperübungen gut geeignet. Sie geben dem Tag ein „Gesicht", ein freundliches, ein gelöstes. Dies gilt für jedes Alter. Ich übe, soweit ich es kann, mit meinen achtzig Jahren. Ich strenge mich an. Ich spüre, wie ich verspannt bin. Ich akzeptiere meine Grenzen zu kennen,
versuche sie zu erweitern.

Auf die Yogadecke legen Sie eine dünne Kautschukmatte. Sie gibt den Händen und Füßen einen Halt. Die Übungen am Anfang und am Ende sind die leichtesten. Die fließende Verbindung der zwölf "Figuren" lässt eine äußere und innere Dynamik entstehen. Sie spüren, wie Sie bewusst aus- und einatmen. Dabei gilt: Öffnet sich der Körper, atmen Sie ein. Schließt sich der Körper, atmen sie aus. Noch ein Aspekt ist wichtig. Sie können einen Ton erzeugen. Nach der indischen Tradition ein Mantra. Die Stimmbänder vibrieren und beleben. Dazu eigenen sich die Vokale i, e, a, o und u. Diese Dreierkombination Bewegung – Atmung - Ton bringt den Organismus am Morgen in Schwingung.

Nach sechs Wochen werden Sie die Wirkungen wahrnehmen. Wenn Ihnen Yogaübungen fremd sind, dann besuchen sie einen Anfängerkurs.
Ein einfaches Übungsbuch kann auch eine gute Hilfe sein.
Natürlich kann der "Gruß an die Sonne" auch untertags oder abends ausgeführt werden. Elemente daraus können immer geübt werden.
Sie eignen sich gut zu einem meditativen Tagesabschluss.
Die Texte sind nicht nur für den Morgen bestimmt.

Sei neugierig

Wer bisher keinen Zugang zu Körperübungen hatte, vor allem zu Yogaübungen, lässt sich überraschen. Was oft spielerisch aussieht, ist unter der Kategorie "mittelschwer nur für regelmäßig Übende" ausgewiesen.
Es gibt die Schwierigkeitsgrade 1 bis 5 bei Yogaübungen. Eine gewisse Herausforderung ist nun diese Übungsfolge. Als Erwachsene, vor allem in einem vorgerückten Alter - in Yoga zählen die Jahre nicht - sind wir nicht mehr so beweglich wie Jugendliche oder junge Erwachsene. Jeder hat seine kleineren und größeren körperlichen Einschränkungen: Rücken- und Gelenkschmerzen, tief sitzende Verspannungen, verkürzte Sehnen, verhärtete Muskeln. Dies wird sich langsam ändern, wenn Sie den fließenden Ablauf der Übungen erfahren.

Sei kreativ

Die vorgeschriebene Übungsabfolge kann und muss variiert werden. Gehen Sie damit kreativ um. Falls Sie dazu lernen wollen, belegen Sie einen Yoga - Kurs für Anfänger. Jede kleinste Übung wirkt an sich. Es geschieht immer etwas. Sie begeben sich in einen unmerklichen Prozess. Manche Übungen sind ungewohnt. Das spüren Sie am Körper.

Beginne behutsam

Behutsam heißt zunächst langsam und mit innerer Aufmerksamkeit. Üben Sie die einzelnen Haltungen gesondert. Nach entsprechender Fertigkeit können Sie die Übungen kombinieren. Verbinden Sie die Positionen 1 bis 4 miteinander. Dann die etwas schwierigeren Stellungen 5, 6, 7 und 8. Die Übungen 9 bis 12 bilden wieder eine Einheit. Am Ende steht eine leichte, fließende und energievolle Bewegung. Die exakten Beschreibungen sind wichtig. Der Körper soll ins Gleichgewicht gebracht werden. Die Körperhälften sind meist ungleich ausgebildet.

Entwickle keinen Ehrgeiz

Ein sportlich Trainierter hat es leichter. Doch er übt leistungsbezogen. Er setzt mit Kraft seine Arbeitsmuskeln ein. Er versucht den Zyklus perfekt zu meistern. Die Muskeln werden noch härter statt dehnfähig. Gehen Sie mit einem "Asana", einer Körperstellung oder einer Haltung, wie mit einem Werkzeug um. Werden Sie zu ihrem eigenen Beobachter. Mit der Zeit werden Sie sensibler. Die äußeren Haltungen werden im Laufe der Zeit zu einer inneren Haltung. Sie spüren eine Zuversicht und Stabilität von Innen. Das könnte so etwas wie ein "spiritueller Weg" sein.

Wann ist die beste Zeit?

Beginnen Sie mit den Übungen, wenn möglich um 6.00 Uhr in der Früh. Denn der Tag ist rhythmisch gegliedert. Sind Sie morgens nicht motiviert und müde, verringern Sie die Anzahl. Der "Sonnengruß" wird im Laufe der Zeit zu einem wichtigen Tagesbeginn. In unserer unrhythmischen Zeit tut er gut. Natürlich kann der „Sonnengruß" auch der Abschluss eines Tages sein.

3 Der "kleine Sonnengruß"

Um den Einstieg zu erleichtern, stelle ich Ihnen den „kleinen Gruß an die Sonne" vor. Er ist aus meiner Kurspraxis erwachsen. Achten Sie auch hier auf die Kombination von Bewegung, Atmung und auf die exakte Durchführung. Sie stehen aufrecht, lassen die Arme hängen. Sie heben den rechten Arm und führen ihn nach oben und atmen ein. Dann führen sie ihn nach unten und atmen aus. So auch mit dem linken Arm. Dann heben Sie beide Arme gleichzeitig an, atmen dabei wieder ein, nehmen beide Arme wieder nach unten und atmen aus. Wieder nehmen Sie beide Arme nach oben, nehmen sie nach unten, legen die Handflächen zusammen und verbeugen sich ausatmend. Haben Sie sich soweit gebeugt wie Sie konnten, dann breiten Sie beide Arme nach rechts und links aus, immer noch in der Beuge und atmen ein. Dann bringen Sie wieder beide Arme in gebeugter Haltung unten zusammen und atmen aus. Jetzt heben Sie den rechten Arm nach oben in gebeugter Haltung und atmen ein, bringen ihn zurück und atmen aus. Dieselbe Bewegung mit dem linken Arm. Zum Schluss breiten sich nochmals beide Arme aus, immer noch gebeugt und atmen ein und aus. Dann gehen Sie vorsichtig in die Hocke, stützen sich vom Boden ab und richten sich langsam auf. Sie können hier viele Variationen einbringen. Nach einer gewissen Zeit spüren Sie, welche Wirkung diese einfache Übung hat.

4 Der Übungszyklus

Bei meinem Aufenthalt in Südindien Herbst 2000 bis Frühjahr 2001 konnte ich beobachten, wie die Leute vor ihrem Haus mit "Surya Namaskar" den Morgen beginnen. Auf Deutsch heißt dies: "Sonne, ich begrüße dich!" Die Kunst besteht darin, sieben "Yogafiguren" mit zwölf Bewegungen zu verbinden. Fünf Haltungen werden wiederholt. Das Gesicht ist nach Osten zur aufgehenden Sonne gerichtet. In den Veden, alte indische Schriften, kann man lesen: Die aufgehende Sonne zerstreut alle Schatten. Gesundheit muss von der Sonne kommen. "Surya Namaskar" verbindet die Atembewegung mit der Stimme, mit einem Wort, Mantra im Sanskrit. Körper und Geist öffnen sich. Der Atem fließt. Durch das „Wort" lösen sich die Gedanken. Der Geist konzentriert sich. Aus dieser Kombination wird ein Rhythmus. Aus der graphischen Darstellung erkennen Sie zwei Höhepunkte. Der "Tiefpunkt" ist zugleich „Höhepunkt". Der Körper hält sich parallel über dem Boden. An einigen Stellen berührt er ihn leicht. Viel Kraft verlangt das. Bekannt ist die "Stellung" als "Liegestütz". Wir spüren die Erdanziehung. Um diese dann zu überwinden, ist noch mehr Kraft gefordert. Um diese einzusetzen, ist ein kleine Pause, auf dem Bauch liegend, sinnvoll. In der ersten Zeit des Übens wählen Sie einzelne Übungsteile aus.
Dann verbinden Sie die Elemente miteinander:

Atem, Stimme, Bewegung, Halt

Der Atem bestimmt die Reihenfolge der Übungen. Er übernimmt die Führung. Der Übungszyklus erhält damit einen rhythmischen Ablauf.
Wenn der Atem Sie leitet, können Sie einen Ton erzeugen, einen Vokal summen oder ein Wort, ein sogenanntes Mantra, sprechen. Mit Atem und Ton erhält die Übung eine Eigendynamik. Sie wird leichter. Sie werden von der Übung getragen. Sobald die Hände in der 3. Übung Kontakt mit dem Boden haben, bleibt diese Haltung bis zur 10. Übung. Sobald die Füße nach der 4. Übung Kontakt mit dem Boden haben, bleiben sie unverändert bis zur 9. Übung. Hände und Füße sind wichtige Fixpunkte für den Ablauf.
Sie nehmen den Boden förmlich in die "Hand" und in den "Fuß".
Üben Sie immer barfuß. Legen Sie auf die Yogamatte eine rutschfeste Naturkautschuk Matte. So haben Hände und Füße Halt.

Der Vierer Schritt

Die einzelne Übung wird sehr genau beschrieben. Am Ende wird sie mit einem Motto, einem Wort oder Mantra, abgeschlossen. Anschließend können Sie laut einen Text zum Tagesbeginn sprechen. In loser Reihenfolge kommen schließlich verschiedene Texte. Sie sprechen meist das Thema “Sonne“ und “Licht“ an. Einige habe ich selbst verfasst. Sie sind von unterschiedlicher Art: Gedichte, Zitate, Psalm Worte, Ideensplitter, Gedankenspiele, Texte. Unabhängig von den Übungen kann man sich von ihnen inspirieren lassen.

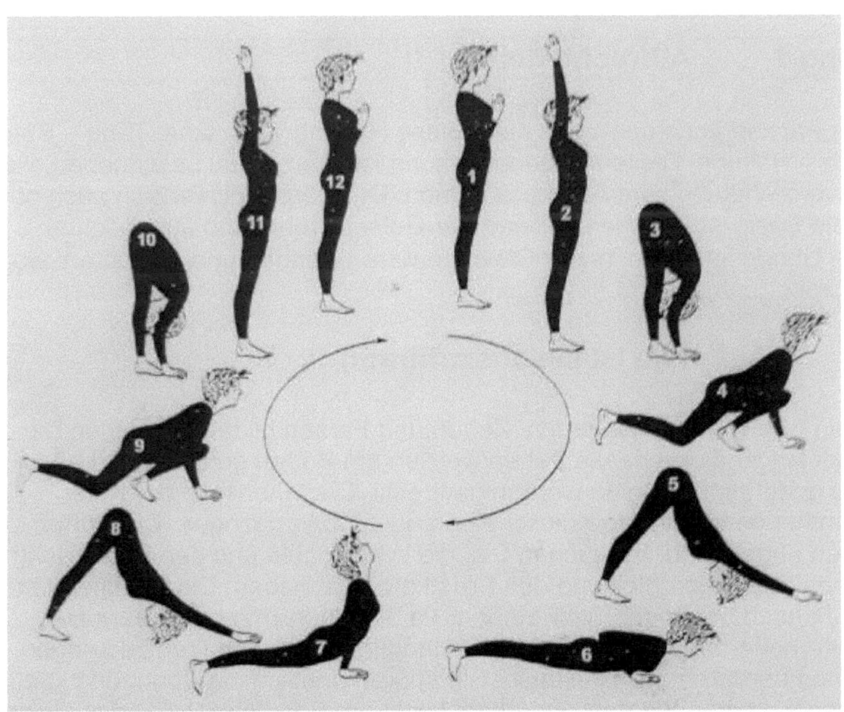

Die Übungen 1 bis 12 im Überblick

Übung 1	Stehen	Ausatmen
Übung 2	Strecken	Einatmen
Übung 3	Beugen	Ausatmen
Übung 4	Schritt	Einatmen
Übung 5	Hund, Kopf nach unten	Ausatmen
Übung 6	Liegestütz	Atem anhalten
Übung 7	Hund, Kopf nach oben	Einatmen
Übung 8	Hund, Kopf nach unten	Ausatmen
Übung 9	Schritt	Einatmen
Übung 10	Beugen	Ausatmen
Übung 11	Strecken	Einatmen
Übung 12	Stehen	Ausatmen

Übung 1 Aufrecht stehen

In der Fachsprache des Yoga heißt diese Haltung Tadasana. Tada = Berg, Asana = Haltung. Diese Ausgangshaltung ist sehr genau beschrieben, weil darin ihre Wirkung zum Ausdruck kommt. Der Körper richtet sich nach oben auf, die Basis ist fest wie ein Berg; der Geist ist ruhig und aufmerksam. Diese Übung lehrt uns, unser Gleichgewicht zu finden und zu spüren, wo wir im Körper zentriert sind.

Wie ist sie auszuführen

Beide Füße stehen zusammen. Zehen und Fersen bilden eine Linie. Die Fußsohlen sind weich. Alle Zehen werden am Boden gehalten und nach vorne gedehnt. Die Beine werden gestreckt. Die Innenseite der Knie zusammengebracht. Die Kniescheiben nach oben gezogen. Die Hüften werden angehoben. Versuchen Sie, die Wirbelsäule und den Rumpf lang zu machen, das Zwerchfell und den Brustkorb anzuheben. Die Schulterblätter werden nach unten gedrückt. Heben Sie die Oberarme parallel bis zur Schulterhöhe an. Versuchen Sie die Handflächen zusammen zu bringen. Die Daumen berühren das Brustbein. Sie spüren deutlich die Spannung in den Schultern. Heben Sie den Hinterkopf leicht an. Entspannen Sie das Gesicht und schauen mit weichen Augen geradeaus. Stehen Sie so etwa eine halbe Minute. Atmen Sie gleichmäßig ein und aus. Danach entspannen Sie Hände und Arme und lassen sie fallen. Eine harmlose Übung, von außen besehen. Sie erfordert etwas Kraft.

Motto

DA STEHE ICH

Impuls

So eben bin ich aufgestanden. Ich stehe jetzt da. Die Nacht ist vorüber. Ein neuer Tag beginnt für mich. Noch spüre ich eine Schwere in meinen Gliedern. Langsam beginnen sich meine Gedanken zu ordnen. Was wird der heutige Tag bringen? Ich weiß, Du bist ein Gott, der zu uns Menschen steht. Gib mir die Kraft, dass auch ich heute zu mir stehe. Der feste Boden unter meinen Füßen gibt mir Halt. Er trägt mich. Das gibt mir Zuversicht.
Gib mir einen Blick, auch für andere einzustehen.

Texte

Stehen
Bestehen
Feststehen
Erstehen
Verstehen
Aufstehen
Auferstehen
Einstehen
Zu sich stehen
Stehen bleiben
Gegenstand
Standort
Standpunkt
Standfestigkeit
Stand haben
Bestand haben
Stehvermögen

Schwerkraft

Wir sind Menschen dieser Erde.
Sie zieht uns an.
Sie macht uns schwer,
erdverbunden, erdgebunden
Wir gehören der Erde
Sie gibt uns Kraft
Sie richtet uns auf
Sie lässt uns gehen,
wohin wir auch wollen
Sie befreit
Frei sind wir zu atmen, frei, uns zu bewegen
Wir können auch fliehen
Wir können anhalten, Stopp sagen

Psalm Worte

Psalm 5,4
Gott, am Morgen hörst du mein Rufen,
am Morgen halte ich Ausschau nach Dir.

Psalm 6,8
Ich habe den Herrn beständig vor Augen.
Er steht mir zur Rechten, ich wanke nicht.

Fest im Glauben stehen

Der steht mit beiden Füßen im Leben! Diese Redensart kennen wir wohl. Wer so im Leben steht, den wirft nichts so schnell um. Er ist Realist. Er sieht die Dinge, wie sie sind. Er macht sich keine Illusionen. Er kommt mit dem Leben zurecht. So schnell wirft ihn nichts um. Mir kommt das Bild in den Sinn: Ein Fischer steht breitbeinig mit hohen Gummistiefeln in einem Fluss. Er stemmt sich gegen die Strömung und fischt in aller Ruhe. Mit offenen Augen sieht er, was um ihn herum geschieht. Heute fest im Glauben stehen? Gibt es so etwas noch? Wer kann das schon von sich sagen? Ist ein solcher Mensch konservativ, starr, rückständig, intolerant? „Glaubt ihr nicht, dann bleibt ihr nicht". So lesen wir bei einem Propheten. Glaubt ihr nicht, dann habt ihr keinen Bestand. Ist mein Glaube ein fester Boden, auf dem ich fest und gut stehen kann? Ist diese Gewissheit in meinem Leben so groß, dass der »Urgrund«, den wir Gott nennen, mich trägt? Feststehen und sich dennoch getragen wissen? Ist so mein Glaube?

Übung 2 Beide Arme nach oben strecken

In der Sprache des Yoga heißt diese Haltung »Urdhva Hastasana«,
urdhva = nach oben, hasta = Hand,
asana = Haltung. Also Streckung der Hände nach oben.

Mit dieser Übung ziehen Sie den Körper in die Länge. Die Handflächen langsam voneinander lösen. Beide Arme gleichmäßig nach oben bringen. Spannung in die Ellbogen bringen. Einatmen. Handflächen zeigen nach vorne. Die Arme helfen, den Rumpf zu strecken. Die Füße stehen schulterbreit. Mit dem Gesicht nach oben schauen. In dieser Haltung atmen Sie gleichmäßig ein und aus.

Motto

ICH STRECKE MICH DEM LICHT ENTGEGEN

Impuls

Ich stehe, verwurzelt in diese Erde, die ich liebe. Ich stehe, ausgestreckt zum Himmel, nach dem ich Ausschau halte. Ich spüre die Spannung in meinem Körper, die Sehnsucht in meiner Seele, die Offenheit in meinem Geist. Ich strecke mich in die Weite des Himmels, dem Licht entgegen. Von überallher strömt das Licht an diesem Morgen auf mich. Mit weit geöffneten Händen nehme ich diese Helligkeit an. Geist Gottes, durchflute mich mit Deinem Licht und mit Deinem Geist. Mit jedem Atemzug nehme ich dieses Leben in mich auf. Mache mich durchsichtig.

Texte

Streckung bedeutet Raum,
Raum bedeutet Freiheit,
Freiheit bedeutet Genauigkeit,
Genauigkeit ist Wahrheit,
und Wahrheit ist Gott.
B.K S. Iyengar, Yoga-Gymnastik, Handbuch
der Iyengar Methode, München 1993, S.49

Aus der Bibel

»Strecke deine Hand aus und lege sie in meine Seite und sei nicht ungläubig, sondern gläubig«
"Jo 20,27" Worte des Auferstandenen zu Thomas.

»Gott, du mein Gott, dich suche ich, meine Seele dürstet nach dir«
"Psalm 63,2"

»Du lässt meine Leuchte erstrahlen, mein Gott macht meine Finsternis hell«
"Psalm 18,29"

»Ich erhebe meine Augen zu dir, der du hoch im Himmel wohnst«
"Psalm 123,1"

Menschen in der Sonne

Geh in die Sonne
Verbirg dich nicht länger im Schatten
Atme das Licht
Die Luft wandert auf deiner Haut
Spüre die Lust in deinen Gliedern
Trinke die Wärme
Kälte haben wir genug für ein ganzes Jahr
Sieh das Blühen der andern
Hab acht auf ihre Schönheit
Sieh das Aufleuchten in ihren Augen
Trinke die Wärme
Atme das Licht
Trinke das Gold, das Gelb und das Blau
Bis du matt bist und trunken und satt
vom überfließenden Licht
Susanne Skowronek, Unterwegs mit Franziskus
Nr.4. 1995, S.16 f

Übung 3 Sich nach unten beugen

In der Sprache des Yoga heißt diese Haltung «Uttanasana« , uttana = Streckung, asana = Haltung.

Im aufrechten Stand Füße hüftbreit stellen, ausatmen und dabei Arme und Rumpf langsam nach unten beugen. Die Zehen aktiv halten. Die Streckung sollte im ganzen Körper spürbar sein. Wichtig ist, Kopf, Hals und Bauch entspannt zu halten. Die Knie sind gestreckt. Die Beine werden nach oben, der Rumpf nach unten gestreckt. Ziel der Übung: Mit den Fingerspitzen, später mit der Handfläche, den Boden berühren. Brust und Bauch immer näher zu den Beinen bringen. Den Kopf in Richtung Unterschenkel bewegen.

Übungsvorschlag

Viele haben Rücken- und Bandscheibenprobleme. Wenn Sie sich nicht so tief beugen können, legen Sie die Hände hüfthoch auf eine Stuhllehne oder Bettkante. Sie beugen sich so weit nach unten, wie Sie können. Alle Yogaübungen richten sich nach den Möglichkeiten des Übenden.

Motto

ICH BEUGE MICH BEHUTSAM

Impuls

Ich neige mich und spüre, wie ich von meiner Größe heruntersteige.
Es fällt mir nicht leicht, mich zu beugen, mich klein zu machen, um in dieser Haltung ein wenig auszuharren. Ich schließe die Augen und schaue in mich hinein. Um meine Schwächen und Grenzen weiß ich. Oft erfahre ich meine Gebrechlichkeit. Geist Gottes, richte mich auf mit deiner Kraft! An die vielen Menschen, die gebeugt durchs Leben gehen, denke ich. Sie haben verschiedene Lasten zu tragen. An die denke ich, die andere nach unten drücken, damit sie selbst nach oben kommen. Lehre mich eine ehrliche Demut, die sich zu den Menschen neigt, weil es meine Schwestern und Brüder sind.

Texte

Die Wirbelsäule

Eine wundersame Schöpfung. Eine Säule, die
aus kleinsten Teilen zusammengefügt ist,
biegsam, drehbar, elastisch, federnd.
Sie ermöglicht uns den aufrechten Gang.
Die Würde des Menschen kommt zum Ausdruck.
Stolz können wir auf diese Erfindung sein.
Wirbel für Wirbel, ich spüre sie, wenn ich mich beuge.
Ich mache mich klein und schaue zu Boden,
schließe die Augen.
Ich bin in meiner Wirbelsäule gegenwärtig.

Schau in dich hinein

Verdreh nicht den Hals und schau keinem Trugbild nach. Schau gerade aus, schau in dich hinein und gönne deinem Nacken Ruhe. Verdreh nicht den Hals. Hänge nicht deinen Gedanken nach. Schau gerade aus, bezähme und zügle den Gedankenfluss. Verdreh nicht den Hals und schau keinen andern "Göttern" nach. Das Drehen und Wenden macht müde und starr.
Gönne deinem Nacken Ruhe.

Übung 4 Zwischenschritte rechts und links

Als Übung des Übergangs hat sie keine Bezeichnung

Langsam in die Hocke gehen, damit die Hände in einiger Entfernung fest zum Boden gedrückt werden können. Damit verlagert der Oberkörper sein Schwergewicht auf die Schultern und damit auf die Arme und Hände.
Die Füße stellen sich auf die Zehenspitzen. In dieser Haltung verweilen und ein- und ausatmen. Das linke Bein weit nach hinten bringen, die Zehen strecken und dabei einatmen. Das rechte Knie berührt den Boden, die rechte Hand liegt daneben. Die Arme richten den Oberkörper auf. Das Gesicht schaut nach vorne und leicht nach oben. In dieser Haltung verharren und ein- und ausatmen.

Übungsvorschlag

Sehr Geübte können aus der Hocke mit beiden Beinen nach hinten springen. Dies erfordert Gelenkigkeit und setzt Kraft voraus. Der Sprung gibt dem ganzen Ablauf eine gewisse Dynamik. In der klassischen Abfolge des »Grußes an die Sonne« schließt sich dieser Sprung direkt an »Uttanasana«.

Motto

ICH WÜNSCHE MIR EINEN GUTEN START IN DEN TAG

Impuls

Die ersten Schritte eines Kindes sind mühsam und ängstlich. An der Hand des Vaters oder der Mutter wächst der Mut. Viele Schritte werde ich an diesem Tag gehen. Die meisten sind mir nicht bewusst. Aber diesen Schritt an diesem Morgen tue ich bewusst. Ich halte inne. Der erste Schritt ist oft der entscheidende. Der erste Schritt lässt andere folgen. Geist Gottes, lass mich heute Schritte wagen, die ich noch nie getan habe. Den ersten Schritt zu einem guten Wort. Den ersten Schritt zu einem Lächeln. Den ersten Schritt zu einem Innehalten mitten in der Geschäftigkeit des Alltags.

Texte

Schritte

Schritt für Schritt langsam bedächtig bewusst
Schritt für Schritt
jede Bewegung ein Genuss
Schritt für Schritt
rhythmischer Takt im Gehen
beschwingter Gang wie eine Melodie
Schritt für Schritt im Atmen
der Atem fließt
ich spüre den Rhythmus
Arme und Beine im harmonischen Wechsel
Schritt Tempo nicht schneller
zu langsam für Autobeine
eiligen Schrittes den Kopf voraus
die Schritte schlurfen hinterher
der Atem keucht Schritte
Überschritte im Laufschritt
Wohin?

Steh mit der Sonne auf

Sie ist deine älteste Freundin
Warte, bis die ersten Sonnenstrahlen
deine Augen berühren
Merkst du, wie sich mit der höher steigenden
Sonne die Landschaft verändert
Spürst Du, wie sich mit dem heller werdenden
Licht dein Gesicht öffnet
Mit der Sonne wächst deine Kraft
Mit der Sonne bewegt sich dein Herz
Erhebe die Hände, bis sie den hellen Tag
und seine Stille umfassen
Grüße den Tag

Übung 5 Hundestellung I

Diese Übung heißt “Adho Mukha Svanasana“.
Hundestellung mit dem Gesicht nach unten.
adho = nach unten; mukha = Gesicht; svana = Hund.
Sie ist dem Hund abgeschaut

Aus der Übergangshaltung in die »Hundestellung« kommen wir wie folgt: Langsam das rechte Bein parallel zum linken ausstrecken, die Zehen aufsetzen. Die Beine angewinkelt auf den Boden bringen. Die Arme strecken, Füße und Hände sind in einer Linie. Der Abstand der Hände ist schulterbreit. Soweit die Beschreibung der Ausgangsposition. Mit beiden Füßen etwas zurückgehen. Der Abstand zwischen den Händen und Füßen ist so groß, dass die Handflächen und Fußsohlen fest auf dem Boden stehen. Es ist eine Art “Brücke“. Es geht darum, den Boden zu »packen«. Das Körpergewicht gleichmäßig zu verteilen. Es ist darauf zu achten, dass die Hüften und das Steißbein nach hinten geschoben werden. Der Rücken sollte flach werden. Die Schulterblätter sachte nach innen drücken. Den Brustkorb dehnen. Arme und Schultern bilden nach einigem Üben eine Ebene.
Hals und Kopf entspannen. Einige Sekunden in der Stellung bleiben und gleichmäßig atmen.

Übungsvorschlag

Diese Übung ist für die meisten ungewohnt und anstrengend. Gehen Sie in die oben beschriebene Ausgangsposition. Strecken Sie beide Arme aus. Dann versuchen Sie, den Rücken flach zu machen. Beugen Sie die Beine und stellen Sie sich auf die Zehenspitzen, dass die Streckung des ganzen Rückens möglich wird. Es geht darum, die Wirbelsäule zu strecken und gestreckt zu halten. Erst nach und nach werden Sie gut auf den Füßen stehen können. »Arbeiten« Sie in der Übung. Atmen Sie hörbar und tief ein und aus.

Motto

ICH MÖCHTE EINE BRÜCKE SEIN

Impuls

Ich richte mich vom Bogen auf. Ich spüre den festen Halt in den Handflächen und Fußsohlen. Die Erde hält mich. Ich halte mich fest an ihr. Ich brauche viel Kraft, um diese Spannung auszuhalten. Ich bin wie eine Brücke, die zwei Seiten in mir verbindet. Rechts und links, innen und außen, oben und unten. Mein Atem wird tiefer. Er verbindet. Er ist die Brücke in mir. Ich brauche Energie und Kraft für diesen Tag. Manchmal einen langen Atem,
wo Mutlosigkeit sich einschleicht. Wo ich das Gefühl der Überforderung habe.

Texte

Versöhnung

Wieder ein Morgen ohne Gespenster
im Tau funkelt der Regenbogen
als Zeichen der Versöhnung
Du darfst dich freuen
über den vollkommenen Bau der Rose
darfst dich im grünen Labyrinth verlieren
und wiederfinden in klarer Gestalt
Du darfst ein Mensch sein arglos
Der Morgentraum erzählt dir Märchen
Du darfst die Dinge neu ordnen
Farben verteilen und wieder schon sagen an diesem Morgen du Schöpfer
und Geschöpf
Rose Ausländer, Gesammelte Werke,
Frankfurt 1984/1986

Einfach so

Es gibt nichts zu finden, auch wenn ich suche.
Es gibt nichts zu tun, nur mich selber wärmen.
Es gibt nichts zu tun, nur einfach brennen
und alles um mich erhellen. Du kannst nichts anderes tun, als mit deinen eigenen Füßen auf deinem eigenen Lebensweg gehen. Es gibt nichts, worauf du dich verlassen kannst, nichts, was dir helfen wird. Alles, was du kannst, ist aufrecht stehen und niemals der Versuchung nachgeben, dich von anderen abhängig zu machen.
Shundo Aoyama, Pflaumenblüten im Schnee.
Natur und Heilen Nr.12,1995,S.621

Übung 6 Der "Stab", bekannt als Liegestütz

Das ist die Übung "Caturanga Dandasana", der Stab.
catur vier, anga das Glied, danda der Stab, dieStange.

Mit dieser Übung erreichen wir die Mitte des Zyklus und zugleich ihren "Tiefpunkt". Im "Hund mit dem Kopf nach unten" haben Sie Ihren Körper nach hinten geschoben. Jetzt schieben Sie ihn nach vorne. Die Füße und die Hände verlassen ihren Platz nicht. Sie gehen in den uns bekannten Liegestütz. Spannen Sie die Arme an. Den Körper lassen Sie sinken, bis er mit den Zehen, Knien, mit der Brust, der Stirn und den Händen den Boden leicht berührt. Sie halten sich parallel über dem Boden. Die Ellbogen liegen am Oberkörper an. Das Gesäß wird etwas angehoben. Sie atmen dabei ein und aus. Das eigene Körpergewicht knapp über dem Boden zu halten, erfordert sehr viel Kraft und ist nur für sportlich Trainierte möglich. Die Erdanziehung wird voll spürbar. Deshalb sollten Sie Übungen machen, die Ihre Arm – und Brustmuskulatur stärken.
Eine sehr gute Übung ist z. B., sich auf den Unterarmen parallel zum Boden zu halten und kräftig ein- und ausatmen. Jetzt eine Pause einzulegen ist sinnvoll. Lassen Sie sich auf den Boden nieder. Dann bringen Sie sich, wenn möglich, wieder in Liegestütz und drücken sich hoch. Die nächste Übung, "Hund mit dem Kopf nach oben", schließt sich an.

Motto

ICH SPÜRE DIE KRAFT, DIE MICH TRÄGT

Impuls

Ich brauch einen Weg, der mich führt.
Ich brauche die Gewissheit eines felsenfesten Vertrauens.
Ich brauche die Verlässlichkeit der Menschen, auch in kleinen Dingen.
Wer ist mir Boden,
feste Erde, Fels und Stein?

Texte

Berührung

Ich liege am Boden
mein Rücken ruht
wie das Wasser breite ich mich aus
langsam und weich
Berührstellen nehme ich wahr
bin ich starr?
Getragen lasse ich los
entgrenzt
entsorgt
berührt
gespürt
das Heilende sehnt sich durch

Übung 7 Hundestellung II

Diese Übung heißt „Hundehaltung mit dem Gesicht nach oben",
urdhva oben, mukha das Gesicht, svana der Hund

Jetzt geht es um den Übergang vom „Stab“ zur „Hundestellung mit dem Gesicht nach oben“. Mit dieser Haltung beginnen Sie den Rückweg der Übungen.

Mit aller Kraft drücken Sie sich jetzt nach oben. Strecken die Arme, die Handflächen fest zum Boden Heben den Kopf und den Nacken an. Sie versuchen zur Decke zu schauen. Das Becken ist etwas angehoben. Spannen Sie die Gesäßhälften an. Dehnen und weiten Sie den Brustkorb.

Heben Sie vor allem das Brustbein an. Nur die Füße und die Hände sind am Boden fixiert. Beide "Hundestellungen" können übrigens im Wechsel kombiniert werden. Ganz Sportliche können von einer Position in die andere springen. Diese Yogaposition wird oft verwechselt mit der "Kobra" oder "Schlange", Bhujangasana. Bei dieser jedoch Übung berührt das Becken und die Bauchecke den Boden. Die Arme versuchen den Oberkörper wie eine Kobra aufzurichten. Die Fersen zeigen nach oben, die Zehen sind gestreckt.

Motto

ICH STRECKE MICH AUS NACH DEM, WAS VOR MIR LIEGT

Impuls

Die Kraft dieser Erde zieht mich an.
Immer wieder ist es meine Aufgabe,
mich von der Erde zu lösen.
Das kostet Kraft.
Ich möchte nicht auf das starren, was mich fesselt.
Weiten möchte ich meinen Blick.
Geist Gottes, schenke mir Zukunft,
Weitsicht, Klarheit
für diesen neuen Tag.

Texte

Seinen Ort finden
In den Tag gehen
den Dingen nicht ausweichen
Jedes an seinen Ort
Zahlreich die Orte
Es heißt
seinen Ort finden
im Tag...
"Rose Ausländer", Friedensbibliothek Berlin – Brandburg, 1997

Westafrikanisches Morgengebet

Herr, ich werfe meine Freude wie Vögel an den Himmel. Die Nacht ist verflattert, und ich freue mich am Licht. Deine Sonne hat den Tau weggebrannt vom Gras und von unseren Herzen. Was da aus uns kommt, was da in uns ist an diesem Morgen, das ist Dank. Herr, ich bin fröhlich heute am Morgen. Die Vögel und Engel jubilieren, und ich singe auch. Das All und unsere Herzen sind offen für deine Gnade. Ich fühle meinen Körper und danke. Die Sonne brennt meine Haut, ich danke. Die Gischt klatscht gegen unser Haus, ich danke. Herr, ich freue mich an der Schöpfung, und dass du dahinter bist und daneben und davor und in uns. Ich freue mich, Herr, ich freue mich und freue mich. Die Psalmen singen von deiner Liebe, die Propheten verkündigen sie, denn jeder Tag ist ein Zeichen deiner Gnade.
Das Thema, Arbeitsheft zu aktuellen Themen, “Heft 14/15,
München 1974, S.66“

Was ist mit mir los

festgefahren
fixiert
nur ein Vor- und Rückwärtsdenken
Einbahnstraßen, die keinen Gegenverkehr erlauben
vorgetäuschte Sicherheit
Sicherheit, die verkrampft
starr macht
ängstigt
austrocknet
und zerbricht
ewig gleiches Denken
ewig alte Ängste
ichbezogen
festhalten, wo kein Halt ist
festkrallen, wo es weich wird
wie kann ich gewinnen
ohne dass andere verlieren müssen?
wie kann ich mich verändern
ohne andere zu verängstigen?
Der Tag blinzelt mir entgegen
leicht öffnet er die Augen.

Aufgewacht

Der Morgen dämmert
erst weiß, dann gelb, dann rot
Plötzlich wagt sich ein Sonnenstrahl hervor
leichte Wolken
wie ein Vorhang am großen Fenster
Jetzt ist es hell draußen in der Welt.
Und wie hell ist es in mir geworden?

Die Sonne

Du, Sonne, Frau am Morgen
zärtlich und sanft lädst du ein zum Leben
Du, Horizonterhellende,
Lieblich und blutig rot zeigst du das Licht
Unwiderstehlich gewinnst du an Kraft und an Wärme
Gefährlich können deine Strahlen sein
Hitze und Glut nehmen den Atem
die Kehle trocknest du aus
Dann wieder tröstet
dein sonniges Lachen
Und wenn deine Kraft schwindet
sehnen wir dich wieder herbei
in deiner beständigen Wiederkehr

Übung 8 Hundestellung I

„Hundestellung mit Gesicht nach unten,
Adho unten, Mukha das Gesicht, Svanasana der Hund

Nahtlos bringen Sie nun den Körper wieder in die Ihnen bekannte "Hundestellung mit dem Kopf nach unten“ aus der Übung 5. Die Reihenfolge läuft nun wieder zurück. Hände und Füße verlassen ihren Platz nicht.
Sie atmen wieder aus.

Motto

VERBUNDEN MIT DER ERDE UND MIT ALLEM, WAS LEBT

Impuls

Wie schwer ist es manchmal für mich,
mit beiden Füßen auf der Erde zu stehen.
Wie schnell fliegen meine Gedanken irgendwohin.
Wie schnell verfange ich mich in irgendwelchen Ideen.
Ich möchte ein Sohn, eine Tochter dieser Erde sein.
Hören auf diese Erde und auf das, was sie birgt.
Vertrauen in diese Erde, weil sie mich trägt.
Schauen auf diese Erde und auf das, was auf ihr wächst.

Texte

Verspannung

jeder zieht und zerrt an mir
total verspannt
harter Rücken
starre Glieder
versteinertes Gesicht
trübe Augen
trockene Nase
Drahtseile im Kopf
steifer Nacken

Entspannung

am Feierabend
Paradies im Studio
wohlige Wärme
nette Leute
warme Worte
Licht, das tröstet und bräunt
der Körper erschlafft
die Seele erlahmt
der Geist bleibt verspannt
Entspannung total
fast nahe der Leblosigkeit
total entspannt
fast wie tot

Übung 9 Zwischenschritte rechts und links

Das Körpergewicht auf die Hände verlagern. Das rechte Bein zur Brust führen, das linke gestreckt halten, einatmen. Das linke Bein berührt den Boden. Körper nach vorne strecken, ein- und ausatmen. Dann das linke Bein nachziehen und in die Hocke gehen. Die Hände berühren den Boden.
Wie bereits in Übung 4 bemerkt, können Geübte nach vorne in die Hocke springen.

Motto

GIB MIR MUT ZUM ERSTEN, NOCH SO KLEINEN SCHRITT

Impuls

Einen Schritt nach vorne zu tun, wie schwer fällt mir das manchmal. Es muss nicht immer ein großer Schritt sein. Viel wichtiger sind die kleinen Schritte. Sie fallen nicht auf. Sie fordern nur etwas Geduld und Ausdauer. Ich tue mir keinen Gefallen, wenn ich mich überfordere. Ich spüre meine Begrenztheit. Meine Grenzen will ich akzeptieren.
Ich bringe den Mut der kleinen Schritte auf am heutigen Tag

Texte

Wenn der Tag beginnt, die Sonne am Horizont aufgeht und die Natur aufleuchten lässt, wachen wir auf zum Lobe Gottes. Wir preisen ihn durch Christus, den Auferstandenen, die Sonne der Gerechtigkeit, der unser Leben mit seinem Licht erfüllt und der uns für die Arbeit und die Mühen des beginnenden Tages stärkt. Und wenn der Tag sich neigt, die Sonne untergeht und die Natur zur Ruhe kommen lässt, versammeln wir uns wachend im Schein des Lichtes, das niemals untergeht, und loben Gott. Wir überlassen ihm unser Tagewerk und geben unsere Sorgen in seine Hand. Wir danken ihm für das, was wir empfangen haben und nehmen entgegen die Ruhe und den Frieden, die der Herr uns verleiht.
Dietmar Bader, Eine Anregung aus Brasilien,
Christ in der Gegenwart 25/1995, S.205

Ein Sucher

Ich bin ein Sucher
Eines Weges
Zu allem was mehr ist
Als Stoffwechsel
Blutkreislauf
Nahrungsaufnahme
Zellenverfall
Ich bin ein Sucher
Eines Weges
Der breiter ist
Als ich
Nicht zu schmal
Kein Ein-Mann-Weg
Aber auch keine
Staubige, tausendmal
Überlaufene Bahn
Ich bin ein Sucher
Eines Weges
Sucher eines Weges
Für mehr
Als mich
Günter Kunert, Christ in der Gegenwart
Nr. 9/1993, S.69

Übung 10 Sich nach unten beugen

Sich aus der Hocke erheben, die Fingerspitzen berühren den Boden. Der Rumpf ist gebeugt. Der Kopf zeigt nach unten.
ein- und ausatmen. Versuchen Sie, das Steißbein nach oben zu dehnen. Sie spüren das Ziehen in den Beinen.

Motto

ICH LASSE LOS, WAS ICH UNBEWUSST FESTHALTE

Impuls

Ich atme tief aus und lasse die Worte fallen.
Die Gedanken, die mir durch den Kopf gehen.
Ich atme tief aus und lasse los, was ich festhalte.
Das Enge und Kleingläubige.
Ich atme tief aus und lasse meine Angst und Zweifel fahren.
Ich atme tief aus.
Ich lasse einströmen, was mich stärkt.
Ich heiße die frische Luft willkommen.
Sie füllt mich mit Energie.
Komm, Geist Gottes, und belebe mich.

Texte

Polaritäten

Sie sind keine Gegensätze,
die sich nicht leiden mögen.
Sie ergänzen sich.
Sie bringen Spannung in unser Leben, sie machen uns lebendig

Einatmen	Ausatmen
Festhalten	Loslassen
Halten	Hergeben
Kommen	Gehen
Öffnen	Schließen
Geben	Nehmen
Arbeiten	Nichtstun
Abschied	Neubeginn
Reden	Schweigen
Gehen	Stehen bleiben
Leben	Sterben
Schlafen	Wachbleiben
Sonne	Mond
Tag	Nacht
Ebbe	Flut
Himmel	Erde
Mann	Frau
Oben	Unten
Essen	Fasten

Spurensuche

Mein Atem, wo bist?
Ich suche dich und kann dich nicht finden.
Du bist so nah,
dass ich dich übersehe und überhöre.
Entschuldige, dass ich mich für dich
so wenig interessiere.
Ich habe wenig Zeit,
immer weniger.
Du atmest auch so weiter

Mein Atem, wo bist du?
Ich möchte Kontakt mit dir aufnehmen
sachte, höflich, vorsichtig
Anteil nehmend, zärtlich
Du bist so leicht, verletzlich
unsichtbar, fein
Ich lasse es zu, dass du mich atmest.
Ich erlebe dein Kommen und Gehen dein Auf und Ab
Ich spüre, wie du mich füllst und drückst los lässt und befreist
Ich spüre, wie sich alles in mir
bewegt und weitet

Langsam möchte ich mich
mit dir anfreunden
du Freund meines Lebens
ich möchte dich kennen lernen
deine Spuren in mir deutlicher wahrnehmen
Du sagst mir genau, wie es um mich steht
Setze ich mich unter Druck,
lasse ich mich hetzen?

Du bist wie ein Rhythmus
Du bringst mich in Schwingung
Du bist wie Musik
wenn ich in mich höre in der Stille
Du bist wie ein warmer und
kühlender Strom
der mich füllt, erfüllt
der meine inneren Räume weitet
Du gibst mir Gestalt

Du atmest mich
ich lebe
Ich atme
du schenkst mir
das richtige Gespür
das Gefühl für das Leben

Du atmest mich
und verbindest mich
mit allen Lebewesen

Du bist die Tür in meine Welt
du bist das Tor in alle Welt
Kostbarer Atem
mein bester Freund

Übung 11 Beide Arme nach oben strecken

Der Körper wird in dieser Übung noch einmal gestreckt.
Sich langsam aufrichten. Arme und Hände fest nach oben strecken

Motto

ÖFFNE MICH FÜR DEIN WEHEN, HEILIGER GEIST

Impuls

Allgegenwärtiger Geist Gottes, du umgibst mich wie die Luft, die ich atme. Schaffe Raum, wo ich verschlossen bin. Erwärme mich, wo sich bei mir Kälte einschleicht. Mache mich weich, wo ich Härte spüre. Ziehe zurecht, was in mir ungleich ist. Lass mich über mich hinaus wachsen am heutigen Tag, mit deiner Hilfe, unter deinem Hauch, unter deinem Antrieb. Ich genieße, dass du mir Raum und Weite gibst. Ich kann mir diesen Raum und diese Weite nehmen.

Texte

Der Sonnengesang des hl. Franziskus

Höchster, allmächtiger, guter Herr, Dir sei das Lied, die Herrlichkeit, die Ehre und aller Segen. Dir allein, Höchster, kommen sie zu.
Kein Mensch ist würdig, Dich zu nennen.

Lob sei Dir, mein Herr, mit Deiner ganzen Schöpfung,
Vor allem mit der Herrin Schwester Sonne.
Sie bringt uns den Tag und spendet uns Licht.
Schön ist sie und strahlend mit großem Glanz.
Von Dir Höchster, ein Zeichen.

Lob sei Dir, mein Herr, durch Bruder Wind, durch Luft
und Wolken, durch heiteres und jegliches Wetter.
Durch sie gibst du Deiner Schöpfung Leben.

Lob sei Dir, mein Herr, durch Schwester Wasser.
Sehr nützlich ist sie, demütig, kostbar und rein.

Lob sei Dir, mein Herr, durch Bruder Feuer. Durch ist die Nacht erhellt.
Schön ist er, fröhlich, stark und mächtig.

Lob sei dir, mein Herr, durch unsere Schwester Mutter Erde.
Sie belebt und lenkt uns. Sie erzeugt viele Früchte,
farbige Blumen und Gräser.

Lob sei Dir, mein Herr, durch alle, die um Deiner Liebe willen vergeben,
durch alle, die Schwachheit und Not ertragen. Glücklich, die aushalten
in Frieden: Du, Höchster, wirst sie krönen.

Lob sei Dir, mein Herr,
durch unsern Bruder, den leiblichen Tod.
Kein lebender Mensch kann ihm entrinnen.
Weh denen, die in tödlicher Schuld sterben.
Glücklich, die er findet in Deinem heiligsten Willen.
Der zweite Tod tut ihnen nichts Böses.

Lobt und preiset meinen Herrn, dankt ihm und dient ihm in großer Demut.
E. Boyle, Von der Brüderlichkeit der Schöpfung
“Der Sonnengesang des Franziskus“, Zürich 1987, S.53

Übung 12 Stehen

Wir sind nun wieder bei der Ausgangsposition des Übungszyklus, dem "Tadasana", Berghaltung, angelangt.

Beide Arme langsam zur Seite in Schulterhöhe bringen. Arme hängen lassen. Die Finger zeigen nach unten, einatmen.
Arme zum Körper ziehen.
Und Handflächen vor der Brust fest aufeinander pressen.

Eine leichte Verbeugung. Ausatmen. Sich aufrichten und einatmen. Hände lösen und Arme seitlich am Körper locker hängen lassen.

Motto

DANKE

Impuls

Ich stehe jetzt an der Schwelle zum kommenden Tag.
Ich danke für das Licht dieses Tages.
Es erhellt und erwärmt mich.
Schöpferischer Geist, bewege meine Gedanken.
Gib mir Phantasie und Klarheit.
Eine Sensibilität für alles, was lebt.
Eine Aufmerksamkeit für alles Geschaffene.
Im rechten Augenblick ein gutes Wort.
Ich bitte dich für alle, die diesen Morgen
mit Sorge, Angst oder Schmerzen beginnen.
Das Geschenk dieses Morgens nehme ich an
Ganz gegenwärtig stehe ich da.
So sei es.

Texte

An die Sonne

Schöner als der beachtliche Mond und sein geadeltes Licht,
Schöner als die Sterne, die berühmten Orden der Nacht,
Viel schöner als der feurige Auftritt eines Kometen
Und zu weit Schönrem berufen als jedes andre Gestirn,
weil dein und mein Leben jeden Tag an ihr hängt, ist die Sonne.
Schöne Sonne, die aufgeht,
ihr Werk nicht vergessen hat und beendet,
am schönsten im Sommer, wenn ein Tag
an den Küsten verdampft
und ohne Kraft gespiegelt die Segel
Über dein Aug zieh`n, bis du müde wirst und das letzte verkürzt.
Ohne die Sonne nimmt auch die Kunst wieder den Schleier,
Du erscheinst mir nicht mehr,
und die See und der Sand, von Schatten gepeitscht, fliehen unter mein Lid.

Schönes Licht, das uns warm hält,
bewahrt und wunderbar sorgt
Dass ich wieder sehe und dass ich dich wiedersehe

Nichts Schöneres unter der Sonne als unter der Sonne zu sein
Nichts Schöneres als den Stab im Wasser zu sehn und den Vogel oben,
Der seinen Flug überlegt, und unten die Fische im Schwarm,
Gefärbt, geformt, in die Welt gekommen mit einer Sendung von Licht,
Und den Umkreis zu sehn, das Geviert eines Felds,
das Tausendeck meines Lands
Und das Kleid, das du angetan hast.
Und dein Kleid, glockig und blau.
Schönes Blau,
in dem die Pfauen spazieren und sich verneigen,
Blau der Fernen,
der Zonen des Glücks mit den Wettern für mein Gefühl,
Blauer Zufall am Horizont
Und meine begeisterten Augen
Weiten sich wieder und blinken und brennen sich wund

Schöne Sonne, der vom Staub noch die größte Bewunderung gebührt,
Drum werde ich nicht wegen dem Mond und den Sternen und nicht,
Weil die Nacht mit Kometen prahlt und in mir einen Narren sucht,
Sondern deinetwegen und bald endlos und wie um nichts sonst
Klage führen über den unabwendbaren Verlust meiner Augen.
"Ingeborg Bachmann", Werke. Band 1.

Licht

Gott, setze Licht in mein Herz
Und Licht in meine Seele
Licht auf meine Zunge
Licht in meine Augen
Und Licht in meine Ohren
Setze Licht zu meiner Rechten
Licht zu meiner Linken
Licht hinter mir und Licht vor mir
Licht über mir und Licht unter mir
Setze Licht in meine Nerven
Und Licht in mein Fleisch
Licht in mein Blut,
Licht in mein Haar
Und Licht in meine Haut
Gib mir Licht, stärke mein Licht
Mach mich zu Licht
Muhammad, nach Fichtl / Schmeisser Hrsg.
Segne uns mit deinem Licht
Christ in der Gegenwart Nr.9, 1992, S.69

5 Ein ruhiges Ende

Zugegeben, diese Übungsreihe ist nicht einfach. Wer langsam mit dem Üben anfängt, braucht Ausdauer. Auch etwas Geduld mit sich selbst. Vor allem benötigt er Selbstdisziplin. Die Morgenstunden sind kostbar. Aber immer werden uns unsere Trägheit und die Ausreden überraschen. Auf lange Sicht gesehen spüren Sie die Wirkungen.

Ausruhen in der Rückenlage

Sie wird als klassische Yogahaltung “Savasana”, Totenstellung, genannt. Sie ist einfach. Dennoch fordert sie viel Aufmerksamkeit. Eine Unterlage, - am besten eine Yogamatte - ein großes Handtuch zusammengefaltet, entspannt wohltuend den Nacken. Die Arme legen Sie am Körper entlang. Die Handflächen geöffnet nach oben. Damit erhält der Brustkorb eine kleine Raumerweiterung. Die Beine fallen leicht gespreizt nach außen. Der Boden trägt. Atmen Sie gleichmäßig. Nach etwa fünf Minuten drehen Sie sich zur rechten Seite, ziehen die Beine an und kommen zum Sitzen. Erst dann stehen Sie auf und strecken sich etwas.

“Sitzen in der Stille“ nach Art der Zen Meditation

Dies ist eine andere Möglichkeit des Abschlusses. Auch hier sollten Sie die Art wählen, die für Sie Ruhe vermittelt. Auf einem festen runden Kissen. Mit einem Meditation- Hocker. Auf einem normalen Stuhl mit gerader Sitzfläche. Die Füße haben guten Kontakt zum Boden, Oberschenkel und Unterschenkel bilden einen rechten Winkel. Ein entsprechendes Buch unter die Füße ist eine Hilfe für kurze Beine. Ist der Stuhl zu niedrig, sitzen Sie auf einem Buch als Ausgleich. Beim Sitzen achten Sie auf eine gerade Haltung. Richten Sie sich vom Becken her immer wieder auf. Bringen Sie die Schultern nach unten. Die Schulterblätter nach innen. Nach fünf Minuten spüren Sie eine wohltuende Stille. Ich kann mir gut vorstellen, dass Sie etwas mehr über das „Thema“ erfahren wollen.

Exkurs

In der Vorzeit der indischen Kultur gibt es die Vedische Literatur, die sog. Veden mit vier unterschiedlichen Schriften, eine Art Bücher. Der älteste der Texte, der Rgveda, umfasst 10 Bücher, meist in Versen geschrieben. In diesen heiligen Büchern geht es um Götter, Mythen, Opferriten, Rituale, Gebete und Hymnen, um ethische Vorschriften und die Ausgestaltung eines Priesterstandes. In diesen Texten finden wir eine Stelle über den Sonnengott “Surya“. Von ihm erhielt das Morgenritual “Surya namaskar“ seinen Namen. “Auf einem goldenen Wagen, von sieben Pferden gezogen, steigt Surya am Morgen aus der Unterwelt auf und vertreibt als Inbegriff des Lebens das Grauen der Nacht.“

Stephan Schlensog, Der Hinduismus, Piper 2006, Sonnenwagen

6 Wie sich die Praxis entwickelt hat

Der Name

Wie entstand der Name “Sonnengruß“?
Namaskar, aus dem Sanskrit, meint Kniefall oder Niederwerfung vor einem Höhergestellten, vor einer Respektsperson. Man legt die Handflächen vor der Brust zusammen und verbeugt sich ehrfurchtsvoll. So begrüßen sich noch heute die Menschen auf den Straßen und in den Häusern Indiens. Eingang gefunden hat das Wort auch im religiösen Bereich: Namah: wir verneigen uns vor dir! Es ist die Antwort auf eine Anrufung. „Surya“ ist der Name des Sonnengottes. “Surya Namaskar“ ist die Begrüßung und die Verneigung vor dem anbrechenden Morgenlicht. Der Morgen beginnt in Indien zwischen 4.00 und 5.00 Uhr. Es ist nicht dunkel und nicht hell. Nach zwei Stunden geht die Sonne auf. Aus dieser Haltung der Ehrfurcht vor einem neuen Tag entstand eine “Puja“ – eine morgendliche Andacht. Der gläubige Hindu bittet den Gott des Himmels und der Erde um seinen Beistand. Er dankt für die Ruhe der Nacht. Er bittet um Kraft und Energie für den Tag.

Die morgendliche Andacht

In allen Religionen gibt es "Reinigungsriten". Der Mensch fühlt sich "unrein", belastet, gerade nach der Nacht, wenn er sich der Gottheit nähert.
In den hinduistischen Tempeln und Moscheen gibt es Wasserbecken oder Bäder der Reinigung. Geläutert betritt der Gläubige barfuß den heiligen Raum. Bei der Zeremonie einer "Puja" im Tempel zündet der Brahmane das Öllicht an. Dann nimmt er die Lichtschale, mit Blumen umrandet, zieht sieben große Kreise mit ausholender Geste.
Glockengeläut und Trommeln begleiten diesen Ritus.

Die rituelle Reinigung

Der Ganges ist der „heilige Fluss." Er ist Gott Vishnu geweiht. Nicht aus Gründen der Hygiene steigen die Menschen in den Fluss, sondern aus ritueller Verpflichtung. Geist und Leib werden gereinigt. Dies schenkt uns den Frieden des Geistes, den Frieden der Seele. Der Badende verbindet sich mit Himmel und Erde. Er reibt sich gründlich die Glieder. Dann taucht er im Wasser unter. Schließlich entrichtet er der Sonne mit beiden Händen seine Wasserspende. Übrigens stammt die jüdisch - christliche Taufe von dieser rituellen Reinigung. Jesus wurde von Johannes im Jordan getauft. So wird deutlich, welche religiöse Ideen hinter der Praxis des "Sonnengrußes" stehen. Oft lesen wir auch die Bezeichnung "Sonnengebet".

7 Die Sonnengötter

Die indische Götterwelt ist nur zu verstehen, wenn wir ihre Entwicklung kennen. Kulturen und Religionen gehören im östlichen Kulturkreis untrennbar zusammen. Verändert sich die Kultur, so verändern sich auch die Göttervorstellungen. Von der ersten indische Hochkultur, der Harappa - Kultur als Stadtkultur um 2000 v. Chr., wissen wir nur wenig. Erst um 1000 v. Chr., als indogermanische Nomadenstämme aus dem südlichen Zentralasien in das Land einfielen, entwickelte sich eine höher stehende Kultur und Religion. Diese Völker sind als arische Stämme bekannt , Arya sind die Edlen. Die Ureinwohner, die Adivasi, zogen sich ins Landesinnere, vor allem in den Süden zurück. Aus den religiösen Vorstellungen der Arier mit ihren Himmelsgöttern entstand im Laufe der Zeit die vedische Hochkultur mit dem Götterhimmel. Die vedischen Götter leben in drei Sphären: im Himmel, im Luftraum und auf der Erde. Ihre Zahl variiert. Manche Texte sprechen von 33, andere von unendlich vielen. Oft werden mehreren Göttern dieselben Fähigkeiten zugeschrieben. Ein Erdgott ist Agni, auch als Feuergott verehrt. Er bringt die Opfergaben zu den Göttern. Als Verdauungsfeuer spendet er dem Menschen Lebenskraft.

Götter des Luftraumes sind die Maruts, Söhne von Rudra. Sie vergießen den Regen, entfachen das Licht, bereiten der Sonne den Weg. Ushas ist die Göttin der Morgenröte. "Alte Sonnengötter" sind Mitra und Varuna, ebenso Vishnu. Vishnu ist zuständig für den Aufgang der Sonne, für die Mittagshitze und für den Sonnenuntergang. Surya ist der bekannteste der Sonnengötter. Er fährt in einem prachtvollem Sonnenwagen. Ushas und Aruna sind die Wagenlenker. Die Mythologie des Hinduismus kennt zwölf Sonnengötter. Lichtgeborene Kinder der Aditi, der Göttin des Firmamentes. Die zwölf "Figuren" des "Sonnengrußes" stehen in Beziehung zu den Tagzeiten. Die zwölf Kinder der Aditi sind die 12 Monate. So liegt im "Sonnengruß" die Konzeption einer kosmischen Ordnung zugrunde. Zwölf Stunden hat der Tag und die Nacht. Jede Stunde ist einem Sonnengott gewidmet. In den 12 Übungen werden sie mit je einer Anrufung geehrt. Beim "Sonnengruß" huldigt man mit den zwölf Mantras den Sonnengöttern.

Die zwölf Anrufungen

1.OM MITRAYA NAMAH — DU ALL-LIEBENDER

Mitraya namah — **Ich verneige mich vor dir**

Dies wird bei jeder Anrufung wiederholt

2.OM RAVAYA NAMAH	DU VERÄNDERER
3.OM SURYAYA NAMAH	DU UR – BEWEGER
4.OM BHANAVE NAMAH	DU LICHTAUSSTRAHLER
5.OM KHAGAYA NAMAH	DU BEGLÜCKER
6.OM PUSHNE NAMAH	DU ALLERNÄHRER
7.OM HIRANYAGARBHAYA NAMAH	DU ALLES-IN-DIR - SEIENDER
8.OM MARICHAYE NAMAH	DU SELBSTLEUCHTENDER
9.OM ADITYAYA NAMAH	DU HÖCHSTE LIEBE
10.OM SAVITRE NAMAH	DU ALLERZEUGER
11.OM ARKAYA NAMAH	DU ANBETUNGSWÜRDIGER
12.OM BHASKARAYA NAMAH	DU VERURSACHER ALLEN LICHTS.

Originaltext in Sanskrit

OM

Suryam Sundaralokanathamamritam
Vedanasaram Shivam Jnanam Brahmamayam
Sureshamamalam Lokaikachittam Svayam
Indradityanaradhipam Suragurum
Trailokyachudamanim
Brahmavishnushiva svarupahridayam
Vande Sada Bhaskaram Mukham
Tattwam Pushan Apavrinu
Satyadharmaya Hiranmayena
Patrene Satyasyapihitam Drishtaye.
Pushan Ekarshe Yama Surya Prajapatya
Vyuha Rashmin Samuha,
Tejo Yatte Rupam Kalyanatamam
Tatte Pashyami Yosavasau
Purushah Sohamasmi
OM

Übersetzung in Deutsch

OM. Ich verehre Surya, die geistige Sonne, den schönen Herrn der Welt, den Unsterblichen, vom dem alle Heiligen Schriften sprechen, den Bezeuger aller Gunst, der Kenntnis ist in der Form von Brahman, dem Absoluten, den Herrn der Engel, den Reinen, das eine wahre Bewusstsein der Welt, den Herrn aller Geistwesen und der Menschen, den Lehrer der Geister, den Juwelen-Eckstein der drei Welten, den Einen in der Form der Dreiheit, den Geber des Lichts.
Das Gesicht der Wahrheit ist mit einer goldenen Schale überdeckt. Lüfte diese Schale der Materie, oh Sonne, damit ich hinter ihr Deine geistige Wahrheit erkennen kann. Du geistiger Ernährer, einzig - seiendes, alles - beherrschendes Wesen, sende Deine Strahlen aus und sammle Dein brennendes Licht: Ich gewahre Deine glorreiche strahlende Form, ich bin ER, das Wesen in Dir.

8 Sonnenkult in anderen Kulturen und Religionen

Das Sonnenlicht ist die grundlegende Naturerscheinung. Die Sonne, das Licht, die Helligkeit und die Wärme machen uns dankbar und ehrfürchtig gegenüber diesem Phänomen. Das „Licht“ ist auch in uns. So kommt es in allen Kulturen und Religionen zur „Sonnenverehrung“. Es gibt in vielen Kulturen ausgeprägte Sonnenkulte. Einige Hinweise mögen genügen. Wohl das älteste Sonnenlied ist der große Sonnenhymnus des ägyptischen Königs Echnaton vom 14. Jh. v. Chr.. Er ist ein Lobpreis der täglich neuen Schöpfung durch das Wunder des Lichts: der Sonne. Hier ein Auszug.

„Du erscheinst so schön im Lichtorte des Himmels,
du lebendige Sonne, die zuerst zu leben anfing.
Du bist aufgeleuchtet im östlichen Lichtorte
und hast alle Lande mit deiner Schönheit erfüllt.
Du bist schön und groß, glänzend und hoch über allen Landen.
Deine Strahlen umfassen die Länder,
bis zum Ende alles dessen, was du geschaffen hast;
du bist die Sonne und dringst eben deshalb bis an ihre äußerstes Ende.
– Du bändigst sie in deinem geliebten Sohne, dem König.
Du bist fern, und doch sind deine Strahlen auf der Erde;
du bist im Angesicht der Menschen, und doch kennt man deren Weg nicht.
Gehst du zur Rüste im westlichen Lichtorte, so ist die Welt in Finsternis,
wie im Tode.- Die Welt liegt in Stille, denn der sie schuf, ist zur Rüste
gegangen in seinem Lichtorte.
Im Morgengrauen leuchtest du wieder auf und glänzest aufs Neue als Sonne
am Tage. Du vertreibst die Finsternis, sobald du deine Strahlen spendest.
Die beiden Länder sind in Festesstimmung.
Die Menschen erwachen und stellen sich auf die Füße; du hast sie sich
erheben lassen.
Herbert Gruhl, Glücklich werden die sein, Erb Verlag,
Düsseldorf 1948, S. 19 - 22

Sonnentempel gibt es bei den Azteken in Mexiko und bei den Inkas in Südamerika. Der griechische Mythos lässt Helios, der Sonnengott, in der Sonnenbarke während des Nachts übers schweigende Meer hinab zu den Toten im Hades gleiten. Am Morgen erscheint er, verjüngt, erfrischt durch die Meeresfahrt, von Morgenstern und Morgenröte, der Göttin Eos, angekündigt, wieder am östlichen Horizont. Der römische Staatskult des Sol Invictus, der Unbesiegten Sonne, sollte Antwort geben, ob die Kraft des Lichtes, des Hellen, Wahren und Guten stärker ist als die Macht der Dunkelheit.

Die Sonne als Christussymbol kennen wir im Christentum. In Christus ist die “wahre Sonne“ aufgeleuchtet. “Ich bin das Licht der Welt“, Jo 8,12.

9 Ausklang

Als Übergang zum theoretischen Teil halte ich die beiden Texte, der eine von C. G. Jung, der andere von Hermann Hesse, sehr aufschlussreich. Sie haben mich inspiriert und angesprochen. Beide hatten ein Gespür für die große indische Kultur. Die Römer prägten das Motto: LUX EX ORIENTE. " Das Licht kommt aus dem Osten".

C.G. Jung schreibt:
"Der westliche Mensch" bedarf der Überlegenheit über die Natur außen und innen nicht. Er hat beides in beinahe teuflischer Vollendung.
Was er aber nicht hat, ist die bewusste Anerkennung seiner Unterlegenheit unter die Natur um ihn und in ihm. Was er lernen sollte, ist, dass er nicht kann, wie er will. Da er alles und jedes zur Technik machen kann, so ist im Prinzip alles, was nach Methode aussieht, gefährlich oder zur Erfolglosigkeit verdammt. Insofern der Yoga Hygiene ist, so ist er für den westlichen Menschen so nützlich wie irgendein anderes System. Der Yoga im tiefsten Sinne meint das aber nicht, sondern er will viel mehr, nämlich, wenn ich es richtig verstehe, die endgültige Lösung und Befreiung des Bewusstseins von aller Objekt- und Subjektverhaftung. Meine Kritik richtet sich einzig und allein gegen die Anwendung des Yoga auf den westlichen Menschen.
Die westliche Zivilisation ist kaum tausend Jahre alt und muss sich zuerst noch von ihren barbarischen Einseitigkeiten befreien.
Dazu gehört vor allem tiefere Einsicht in die Natur des Menschen.
Durch Unterdrückung und Beherrschung aber gewinnt man keine Einsicht und am wenigsten durch Nachahmung von Methoden, die unter ganz anderen psychologischen Bedingungen entstanden sind. Der Westen wird im Lauf der Jahrhunderte seinen eigenen Yoga hervorbringen und zwar auf der durch das Christentum geschaffenen Basis."
C. G. Jung, Yoga und der Westen, in: C. G. Jung, Gesammelte Werke Bd. XI, Olten und Freiburg 1988. 5. Aufl. S. 538 f.

Der andere Beitrag ist von *Hermann Hesse*. Sein Großvater war evangelischer Missionar in Indien. Er erlebte ihn als Kind. Als junger Mann unternahm Hesse eine abenteuerliche Schiffsreise in den zwanziger Jahren nach Indien. Er schreibt 1914:

"Schließlich ist doch ein menschlicher Eindruck" der stärkste. Es ist der der religiösen Ordnung und Gebundenheit all dieser Millionen Seelen. Der ganze Osten atmet Religion, wie der Westen Vernunft und Technik atmet. Primitiv und jedem Zufall preisgegeben scheint das Seelenleben des Abendländers, verglichen mit der geschirmten, gepflegten, vertrauensvollen Religiosität des Asiaten, er sei Buddhist oder Mohammedaner oder was immer. Dieser Eindruck beherrscht alle anderen, denn hier zeigt der Vergleich eine Stärke des Ostens, eine Not und Schwäche das Abendlandes, und hier fühlen sich alle Zweifel, Sorgen und Hoffnungen unserer Seele bestärkt und bestätigt. Überall erkennen wir die Überlegenheit unserer Zivilisation und Technik, und überall sehen wir die religiösen Völker des Ostens noch ein Gut genießen, das uns fehlt und das wir eben darum höher stellen als jene Überlegenheit. Es ist klar, dass kein Import aus Osten uns hier helfen kann, kein Zurückgehen auf Indien oder China, auch kein Zurückflüchten in ein irgendwie formuliertes Kirchenchristentum. Aber es ist ebenso klar, dass Rettung und Fortbestand der europäischen Kultur nur möglich ist durch das Wiederfinden seelischer Lebenskunst und seelischen Gemeinbesitzes. Ob Religion etwas sei, das überwunden und ersetzt werden könne, mag Frage bleiben. Dass Religion oder deren Ersatz das ist, was uns zutiefst fehlt, das ist mir nie so unerbittlich klar geworden wie unter den Völkern Asien.
Hermann Hesse, Indien, Suhrkamp Taschenbuch, S. 562

Ausblick

Im zweiten Teil greife ich etwas weiter aus. Es geht mir vor allem darum, den klassischen Übungsweg nach Patanjali, etwa 200 v. Chr. vorzustellen. Dieser Weg zum eigenem Selbst ist und bleibt der „Königsweg". Er ist realitätsbezogen. Er ist ideologiefrei. Er gilt bis heute.
Dann schlage ich eine Brücke zur heutigen Yogaszene. Es geht darum, Vorurteile des Unseriösen über Yoga abzubauen. In den letzten 50 Jahren hat sich die Yoga Szene auf einen seriösen Weg begeben. Ein wichtiger Beitrag ist auch der Blick auf westliche Physiotherapien. Ich selbst habe in meinen Kursen Anregungen aus der Alexander - Technik und der Rolfing - Methode verwandt. Als Abschluss dieses ersten Teiles zeige ich den Zyklus der Übungen, wie ich ihn in einer Bibliothek in Südindien entdeckt habe.

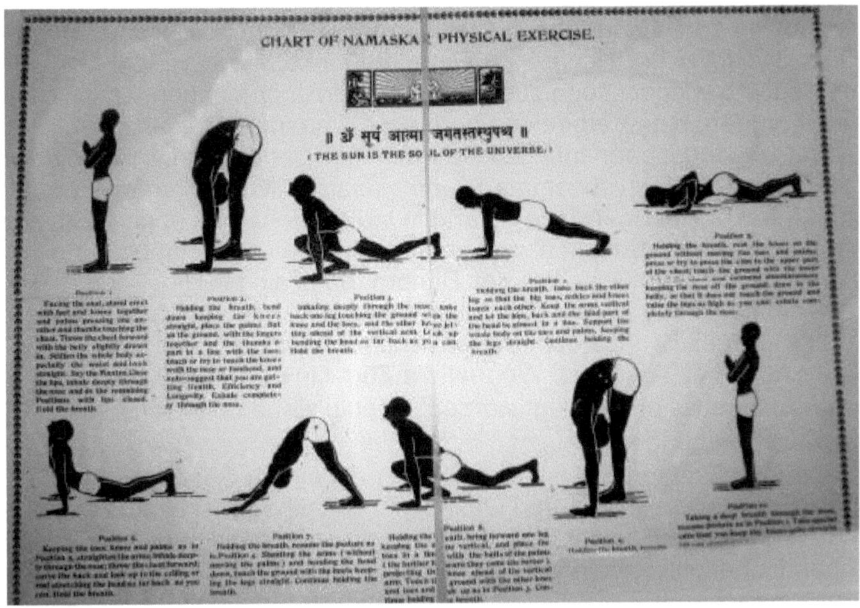

Teil II Die “Welt des Yoga“ kennen lernen

1 Yoga – Ein vielschillerndes Wort

Mit dem “Gruß an die Sonne“ haben Sie praktisch und theoretisch einen kleinen Einblick über “Yoga“, gewonnen. Etwa elf Millionen Menschen üben heute bei uns Yoga. Sie besuchen Kurse. Sie spüren, dass sie durch einfache Körper Übungen etwas für ihre Gesundheit tun können. Gestärkt an Leib und Seele sind sie dem Alltag besser gewachsen. Dennoch bleibt “Yoga“ für viele ein Rätsel. Streng Gläubige lehnen es ab. Im zweiten Teil gebe ich einen kleinen Einblick in die indische Kultur- und Religionsgeschichte.

Das Bild mit den zwei Ochsen

“Yoga“ leitet sich von der Sanskritwurzel “yuj“, “judsch“ gesprochen, ab. Es kommt von dem indogermanischen Wort “yeug“. Im lateinischen Begriff “Jugum“, das Joch, und “jugare“, zusammenführen, finden wir die Wortbedeutung wieder. Yoga zunächst unter ein Joch bringen, anschirren, zusammenfügen, eine Verbindung herstellen, vereinen. Das anschauliche Bild vom Ochsengespann trifft das sehr gut. Der Bauer spannt die beiden Ochsen mit einem Joch zusammen. Gemeinsam sollen sie einen Holzpflug durch den Acker ziehen. Auf dem Land in Indien sieht man noch heute die Bauern diese Arbeit verrichten. Jeder Ochse hat natürlich seinen eigenen Willen. Es gehört zum Geschick des Bauern, dass die beiden Tiere gemeinsam den Pflug ziehen. Der eine zieht mehr nach rechts, der andere nach links. Dieses Bild mit dem Bauern und dem Ochsenpaar sagt Wesentliches über Yoga aus. Wer hat die Zügel in der Hand?
Welches Feld muss umgepflügt werden? Wohin ziehen die Ochsen?
Wer gibt die Richtung an?
Ein anderes bekanntes Bild ist der Kutscher mit einem Gespann von zwölf Pferden. Er hat den Auftrag, den Gast in der Kutsche an ein vorgesehenes Ziel zu bringen. Der Gast lehnt sich gemütlich zurück und vertraut völlig dem Kutscher. Er hat alle Hände voll zu tun, dass alle Pferde am selben Strang ziehen. Inzwischen hat er das Ziel vergessen. Der Gast findet sich plötzlich an einem ihm völlig unbekannten Ort. Diese Geschichte zeigt anschaulich, um was es in Yoga geht. Yoga heißt, mit innerer Wachheit ein Ziel erreichen. Heißt die unterschiedlichen Kräfte bündeln. Heißt Gegensätze zusammenbringen und aus dieser Spannung Kraft schöpfen. Yoga heißt koordinieren und bündeln. Yoga heißt nicht: teilen, spalten, auseinander dividieren, Gegensätze aufbauen, Parteien bilden. Yoga heißt nicht, der Starke unterdrückt den Schwachen, um ihn zu beherrschen. Für alle Bereiche gilt dies anzuwenden: für unseren Organismus, für die sozialen und politischen und religiösen Systeme. Es gilt nicht der Grundsatz des Entweder – Oder, sondern das Sowohl – Als auch.

Wie hat alles angefangen

Der Ursprung des Yoga liegt im Dunklen. Schon in der Mohenjo - Daro Harappa Kultur im Indus Tal etwa 3000 v. Chr. findet man Statuen im Lotussitz. Nach indischer Ansicht wurde „Yoga“ von den Rishis, den Sehern, praktiziert. Sitzen heißt zur Ruhe kommen, Augen schließen, nach Innen schauen. Die Rishis gaben diese Erfahrungen an ihre Schüler weiter. Der entscheidende Einfluss auf die kulturelle und religiöse Entwicklung für Nordindien hatte der kriegerische Einfall der Arier. Dieses Halbnomadenvolk eroberte die fruchtbaren Flussniederungen des oberen Industales. Es beginnt die Vedische Zeit. Diese Zeit wird in drei Abschnitte eingeteilt. Es entsteht ein reichhaltiges religiöses Schrifttum. Diese Zeit der Veden, - Veda ist das heilige Wissen - gliedert sich in drei Phasen:
In die frühvedische von 1800 bis 1200, in die mittelvedische ab 1200 und in die spätvedische ab 850 v. Chr.. Im Laufe dieser Epochen sind die Schriften Rgveda, Samaveda, Yajurveda und Atharveda entstanden. Rgveda als ältester Text umfasst 10 Bücher, meist in Versen geschrieben. In all diesen heiligen Büchern geht es um Götter, Mythen, Opferriten, Rituale, Gebete und Hymnen, um ethische Vorschriften und um die Ausgestaltung eines Priesterstandes. In diesen Texten finden wir auch eine interessante Stelle über den Sonnengott “Surya“. Von ihm erhielt das Morgenritual “Surya namaskar“ seinen Namen. Auf einem goldenen Wagen, von sieben Pferden gezogen, “steigt Surya am Morgen aus der Unterwelt auf und vertreibt als Inbegriff des Lebens das Grauen der Nacht.“
Schlensog Stephan, Hinduismus, Piper Verlag 2006, S. 41

Vielfältige Welt Ansichten

Die kulturgeschichtliche Entwicklung geht weiter. In der spätvedischen Zeit begegnen uns sechs Lehrtraditionen. Dharsanas, Sichtweisen, genannt. Sie hatten auch immer Praxisbezug. Diese Philosophieschulen heißen Samkhya, Yoga, Vaisesika, Nyana, Mimansa und Vedanta.

- Samkhya ist eine Erkenntnislehre. Es geht um das Denken und das Bewusstsein, um das innerste Selbst.
- Yoga ist die Wissenschaft über die körperlich – seelischen Vorgänge. Dazu gehört die indische Gesundheitslehre, das Ayurveda. Es ist das Wissen um den inneren Zusammenhalt.

Die Praxis besteht aus den einzelnen Yogafiguren, den „Asanas".

- Vaisekika ist eine Naturphilosophie mit Elementenlehre. Nyaya ist logisches Denken. Mimansa ist Sprachphilosophie. Vedanta ist die Vollendung, der Abschluss der Schriften durch die Epen der Upanishaden und Bhagavadgita.

Die ersten beiden Denksysteme prägten das praktische Yoga. Etwa um 2. Jh. v. Chr. wurde der Inhalt der verschiedenen Schriften in der „Schule des Patanjali" zusammengetragen und systematisiert. Auf dieses klassische Yoga gehe ich näher ein.

2 Der klassische Übungsweg des Patanjali

Als legendäre Gestalt und Begründer dieser Schule wird Patanjali angesehen. Er lebte etwa um 200 v. Chr.. Das ihm zugeschriebene Traktat ist das "Yoga Sutra des Patanjali". Sutra meint Garn, Faden, hier Leitfaden, Lehrbuch. Es ist eine Sammlung von 195 knapp gefassten Merksätzen, in vier Kapitel gegliedert. Weil er acht Bereiche beschreibt, wird dieses Yoga auch "Asthanga Yoga" von "asthan" acht, "angani" Blätter, Glieder, also "Achtblättriger Yoga Pfad" genannt. Diese acht Entwicklungsstufen versuche ich nun darzustellen.

Die acht Stufen von außen nach innen

Ein gutes Bild für die ganzheitliche Sicht von Yoga ist der Baum. Ein Baum steht fest verwurzelt und ragt in den Himmel. Der feste Stamm ermöglicht den Ästen und Zweigen nach oben zu wachsen. Zum Licht hin. Zur Sonne. Die Wurzeln geben Halt. Ein stabiler Baum hat ein weitverzweigtes und festes Wurzelwerk. Das gibt ihm Halt. Die beiden ersten Stufen Yama und Nyama von Yoga sind verborgen unter der Erde.

"Yama" (1)

ist das Verhalten der Umwelt gegenüber. Wie komme ich mit meinem sozialen Umfeld zurecht? Wie bewältige ich meinen Alltag? Fünf Bereiche werden genannt.

- Ahimsa ist der ehrfürchtiger Umgang mit allen Lebewesen
- Satya meint, im Reden und Verhalten ehrlich zu sein
- Asteya zielt darauf, das ständige Habenwollen zu zügeln
- Brahmacarya ist das Maßhalten in allen Dingen, auch beim Essen und Trinken
- Aparighara mahnt, mit dem, was uns zusteht, zufrieden zu sein

"Nyama" (2)

ist das ethische Verhalten. Wie gehe ich mit mir selbst um?
Was ist wichtig, damit ich geistig wach bleibe?

- Shanca wird als erstes genannt. Eine gewisse Ordnung und Sauberkeit wird gefordert.
- Samtosha ist die Tugend der Bescheidenheit. Man soll sich mit dem zufrieden geben, was man hat oder nicht hat.
- „Tapas" meint, sich um körperliche und geistige Gesundheit zu mühen. Klares Denken gehört genauso dazu wie regelmäßiger Schlaf, körperliche Übungen, Ernährung, Arbeit und Erholung.
- Svadhyaya ist das Studium von Literatur mit Hilfe eines Lehrers. Das Lehrer – Schüler Verhältnis hat in Indien eine große Tradition.
- „Ishvara pranidhana" ist die letzte ethische Forderung.

Wer meint, dieser Yoga Weg sei "gottlos", irrt. In jedem von uns wirkt eine göttliche Macht. Sie weist über das Irdische hinaus. Gebet und Gottesverehrung gehören zu unserem Leben. Dazu saß man auf dem Boden. Knie und Gesäß bilden eine Ebene. Der so Sitzende fühlt sich wie am Boden angewachsen.

"Asana" (3)

Damit war ursprünglich nur das „Sitzen auf dem Boden" gemeint. Um im Bild des Yoga - Baumes zu bleiben, sind die Körperübungen der Stamm. Sie geben uns körperliche und seelische Stabilität. Alles hat seinen Platz. Die Knochen und Gelenke, die Sehnen und Muskeln. Auch die einzelnen Zellgruppen. Der Körper kann unzählig viele Positionen einnehmen. Man sprach von 80.000. Die Yogaspiritualität wurde stets vom Meister an den Schüler vermittelt. Dieses Prinzip wurde im 19. und 20. Jahrhundert durch Yogaschulen abgelöst. Das anschauliche Beispiel dafür war B.K.S. Iyengar in Pune.

Pranayama (4) ist die vierte Stufe.

In diesem Bereich geht es um Atemkontrolle. Was ist ein Baum ohne große und kleine Äste? Prana ist Atem, ist Energie. Es gibt ein detailliertes Atemtraining. Man nennt es auch „Übungsatmen". Der Atem bringt den Rhythmus in unseren Körper. Dieser Rhythmus besteht aus vier Phasen. Zuerst ausatmen, dann den Atem anhalten. Wieder einatmen und den Atem anhalten. Ausatmen…usw.

Die Nase ist ein wichtiges Organ, um Sauerstoff, Luft, Energie in unseren Organismus zu bringen. In jeder Nasenhöhle gibt es drei Kanäle gibt. Mit viel Gespür wird mit den Fingerkuppen des Daumens und des Zeige- und Mittelfingers der Atemstrom reguliert. Der Atem ist die psychosomatische Nahtstelle zwischen außen und innen.

Pratyahara (5)

Schließt sich als nächsten Bereich an. Es ist der Rückzug der Sinne. Unsere Sinne sind das Tor zur Außenwelt. Sehen, Hören, Riechen, Schmecken, Berühren. Sie sollen aber auch bewusst gemacht werden. Rückzug meint, dass sie nicht mehr die beherrschende Rolle einnehmen. Die heutige Konsumwelt betont diese Bereiche im Übermaß. Wir werden abhängig. Diese Übung möchte zu unseren Sinnen ein Beziehung aufnehmen. Das Bild des Yogabaumes zeigt auch diesen Bereich auf. Der „ Yogabaum" steht in der Weite des Himmels.

Dharana (6) meint Konzentration.

Das ist jetzt eine entscheidende Phase. Der „umherschweifende Geist" wird auf einen Punkt gebracht. Dazu dient ein Wort, ein kurzer Satz, ein Mantra. Konzentriert sein, bei sich sein ist nicht einfach. Ständig gehen uns Gedanken und Ideen durch den Kopf. Diese kreative Wachsamkeit ist auch im Alltag wichtig.

Dhyana (7), die Meditation,
ist die siebte Phase in diesem Prozess. Ich spüre eine tiefe innere Ruhe, die trägt – oder ich spüre sie nicht. Körper, Seele und Geist schlafen und sind doch gegenwärtig. Diese Gelassenheit strahlt nach außen.

Samadhi (8)
ist das letzte Glied der Kette. Es gibt keine Bindungen und Widersprüche mehr. Der Geist ist hellwach über die Grenzen des Bewusstseins hinaus. Wer bis zu dieser Stufe gelangt, kann von „Lichterfahrungen“ sprechen. Daher kommt das Wort „Erleuchtung“.

Wie die Glieder des Körpers zusammengehören und doch verschiedene Aufgaben haben, so gibt es in der Reihenfolge der Yogapraxis keine Rangfolge. Der beste Zugang sind die Körperübungen, die Asanas. Sie bringen uns auf den Weg. Ist es wirklich so einfach?

Was den Weg schwierig macht

Der „achtblättrige Yoga - Pfad“ ist kein schnelles Erfolgsrezept. Es geht um einen inneren Prozess der Reifung. Doch auf diesem Weg gibt es Hindernisse. Patanjali spricht von Kleshas. Das Yoga – Sutra geht von der Grundannahme aus, dass unser Bewusstsein konditioniert, festgefahren ist. Das ist die Ursache unserer Probleme und leidvollen Lebenserfahrungen. Patanjali spricht sogar von „Leidbringer“, Blockaden. Wer sich konsequent auf den Yoga Weg macht, braucht Geduld und muss konsequent üben. Feste Strukturen lösen sich langsam auf. Yoga nach Patanjali bedeutet, den “Geist“, das Bewusstsein, zu verändern. Das ist das hohe Ziel. Hand in Hand verändern sich der Leib und die Psyche.
Der „Weg“ fordert heraus. Er wird auf fünf Gegenkräfte stoßen. Avidya ist die Unfähigkeit, verstehen zu wollen und zu können. Asmita kann man „Egoismus pur“ nennen. Immer geht es um den eigenen Vorteil. Noch stärker drückt sich dies in “Raga“ aus. Es ist die Gier, ständig noch mehr haben zu wollen, obwohl man genug hat. Als vierter Bereich kommt “Dvesha“ dazu. Man hält aus Angst an alten Denkmustern und Gewohnheiten fest. “Abhinivesa“ schließlich ist die existentielle Angst vor dem Sterben.
Der innere Trieb, am Leben zu bleiben, bindet uns ungeheuer. Wir kleben buchstäblich am Leben. Abschiednehmen gelingt selten. Wie Sie sehen, ist der “Achtgliedrige Yoga- Pfad“ der klassische Prozess schlechthin, von außen nach innen. Er zielt in die Tiefen unseres Bewusstseins, unserer Existenz. Im Laufe von Jahrhunderten wurde dieser Weg immer mehr differenziert und erweitert. Sein Grundanliegen bleibt.

Zum Schluss noch zwei Merksätze aus der Yoga Sutra Schrift:
"Yoga ist das Zur - Ruhekommen der ungerichteten Bewegungen des Geistes". Yoga Sutra I,2.
"Folgt man den Gliedern des Yoga, so verringern sich allmählich die Blockierungen und echtes Wissen beginnt zu erstrahlen als die höchste Form der Schau der Unterscheidung." Yoga Sutra II,28.

Stephan Schlensog, Der Hinduismus, Piper München 2006, S. 256

Nach diesem Einblick in die Kultur- und Religionsgeschichte Indiens wende ich mich der Gegenwart zu.

3 Die Yoga Szene heute

Nach dem zweiten Weltkrieg wurde „Yoga" über die USA auch in Europa bekannt. Heute gibt es in Deutschland zahlreiche Yogarichtungen und Schulen. „Hatha Yoga", das Yoga der Kraft und Energie, ist heute im Gesundheitswesen nicht mehr wegzudenken. Die Literatur zu Yoga ist unüberschaubar. Zunächst erzähle ich, wie ich zu meiner Yogarichtung gestoßen bin. Das Buch „Mein Yoga in 10 Lektionen" von Dechanet war 1964 der erste Impuls. Ich bot 1970 die ersten Kurse für jungen Leute an. Ein Lehrer des Gymnasiums machte mich 1972 auf das Seminar „Yoga – Sport oder Religion" aufmerksam. Referent war Dr. Rocque Lobo aus München. Ich absolvierte 1976 den Fernkurs der VHS München „Die Mythologie der Yoga Asanas". Ich lernte den Bruder von Rocque kennen. Anthony Lobo war Yogalehrer und Pfarrer in Indien. Schließlich nahm ich 1985 – 1988 am ersten IPSG Ausbildungskurs teil. Mit einer Abschlussarbeit erhielt ich das IPSG – Zertifikat. Als erstes beschreibe ich deshalb diese Yogarichtung.

a. Das "Integrierte Psychosomatische Gesundheitstraining nach Yoga und Ayurveda", IPSG. Das Marma-Yoga®

Das IPSG wurde in den 1970er Jahren von Rocque Lobo im Rahmen von Forschungsprojekten entwickelt. Er leitete an der VHS München die Abteilung "Yoga und Religion". Er versuchte, das indische Gedankengut und die modernen naturwissenschaftlichen, sozialwissenschaftlichen und philosophischen Erkenntnisse zu verbinden. Dr. Rocque Lobo war dann Professor an der Stiftungsfachhochschule in München. Er arbeitete in der Abteilung "Gesundheitswesen". Zugleich war er Direktor des "Instituts für Gesundheitspädagogik". Er stand mit seinen Schülern durch die Kursarbeit

immer in Kontakt. Neu war, dass er aus dem klassischen Hatha Yoga und der ayurvedischen Medizin das “Marma Yoga Konzept“ entwickelte.
Dr. Lobo entdeckte dieses vergessene Warnsystem des Körpers. Es sind 103 Wach- und Warnposten. Sie verteilen sich über den ganzen Körper. Sie sind eingeteilt nach den verschiedenen Gewebsarten. Es gibt Knochen-, Gelenk-, Sehnen-, Muskel- und Blutgefäß- Marmas.
Eine Erkenntnis seiner 30 jährigen Forschungsarbeit ist, dass Bewegung und Atmung des Übenden je nach Alltagssituation individuell variiert eingesetzt werden muss. So kann man dem Alltagsstress entgegenwirken. Er zeigt sich in der Hetze, der inneren Unruhe, dem Leistungsdruck, der Missachtung der körpereigenen Rhythmen. Damit wird Marma-Yoga präventiv in der Gesundheitsförderung eingesetzt. Es hebt sich deutlich von anderen Yogasystemen ab. Prof. Dr. Rocque Lobo verstarb pötzlich im Herbst 2019 in München. Seine Arbeit wird von Som Nath Parkash, München, weitergeführt.
www.marma-yoga.de

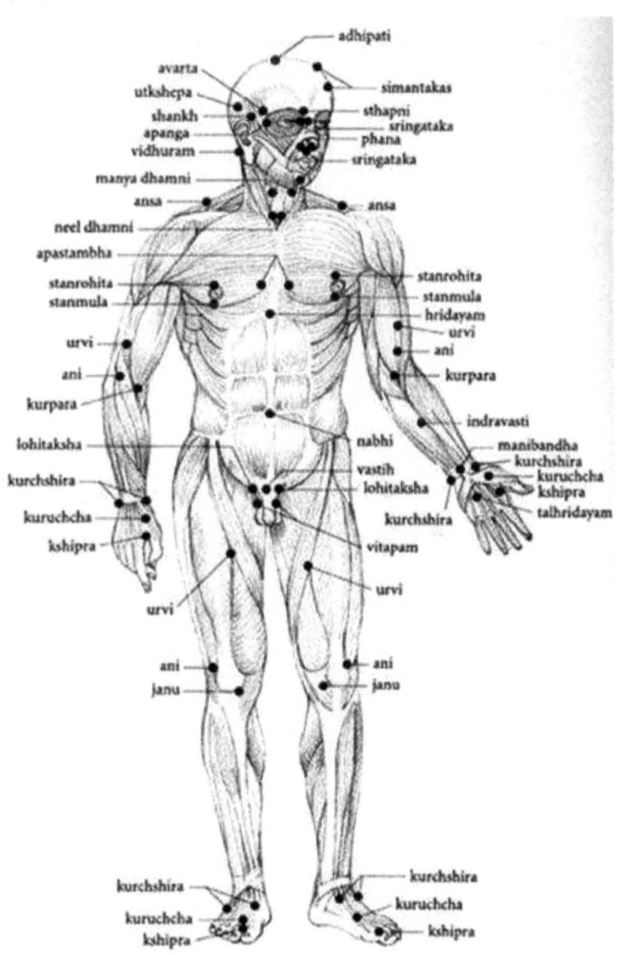

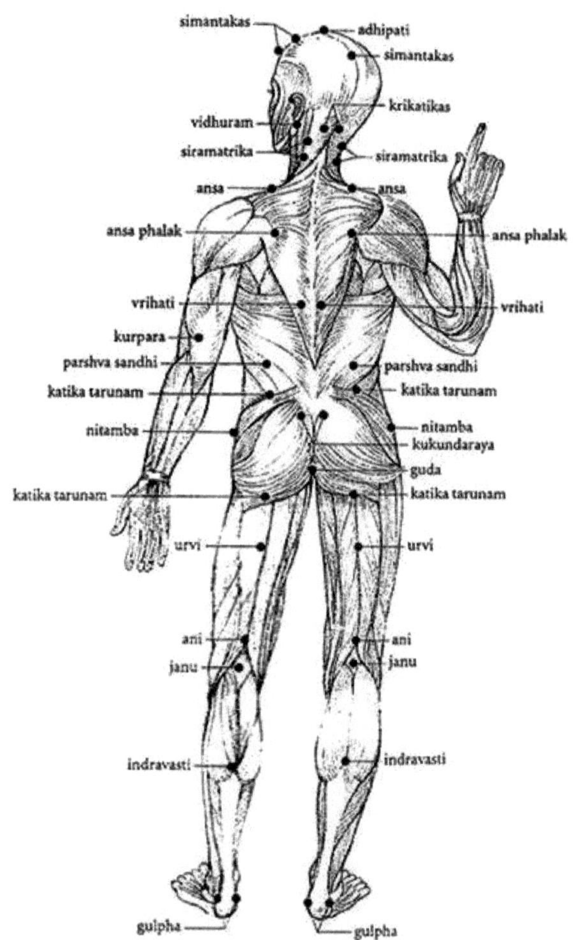
simantakas
adhipati
simantakas
krikatikas
vidhuram
siramatrika
siramatrika
ansa
ansa
ansa phalak
ansa phalak
vrihati
vrihati
kurpara
parshva sandhi
parshva sandhi
katika tarunam
katika tarunam
nitamba
nitamba
kukundaraya
guda
katika tarunam
katika tarunam
urvi
urvi
ani
ani
janu
janu
indravasti
indravasti
gulpha
gulpha

b. Der Berufsverband der Yogalehrenden in Deutschland e.V. (BDY/EYU)

Es mag überraschen, dass sich Yogainteressierte schon vor 50 Jahren zusammen geschlossen haben. So entstand der Berufsverband der Yogalehrenden in Deutschland e. V. (BDY) am 1. Mai 1967 in Berlin. Mit dem BDY sollte eine berufsständische Organisation geschaffen werden. Damit war eine gemeinsame Erfahrung und der Austausch möglich. Um den Mitgliedern eine qualifizierte Weiterbildung anzubieten, organisierte der BDY von Anfang an regelmäßig Seminare. 1971 war der BDY an der Gründung der "Europäischen Union der nationalen Yoga-Verbände" (UEFNY) in der Schweiz beteiligt. Dieser Dachverband der europäischen Yoga-Verbände wurde später in "Europäische Yoga-Union" (EYU) umbenannt. Die EYU beschloss 1976 das "Europäische Mindestanforderungs-Programm" (EMP) für die Ausbildung von Yogalehrenden. 1979 wurde eine verbandseigene Prüfungsordnung mit Rahmenrichtlinien für die Ausbildung zur "Yogalehrer/in BDY/EYU" verabschiedet. 1980 wurde das erste BDY-Handbuch veröffentlicht. 1997 fand in Berlin zum 30jährigen Jubiläum der Kongress "Yoga - als Brücke zwischen Ost und West" statt. Das 50jährige Jubiläum wurde am 24. Juni 2017 in Berlin gefeiert. Das Motto hieß: "Yoga - Von der Matte ins Leben".
Die Geschäftsstelle ist in Göttingen
Vgl. www.yoga.de

c. Das Iyengar - Yoga

Eine weltweite, international bekannte Bewegung ist das Iyengar – Yoga. Man kann sagen: dieser Name bürgt für Qualität. Der Gründungsvater ist B.K.S. Iyengar in Pune. Seine Biographie ist äußerst spannend. Er wurde 1918 in Bellur in Südindien geboren. Er hatte noch mit 16 Jahren eine gebrechliche Gesundheit. Bei seinem Schwager, ein bekannter Yogalehrer und spätere Guru Krishnamacharya, wurde er strengen Yogaübungen unterzogen. Nach dieser Ausbildung zog Iyengar nach Pune. Er heiratete und hatte ein Familie. Seine Frau Ramamani starb sehr früh. Jetzt widmete er sich in Theorie und Praxis dem Yoga. Seine Tochter Geeta und sein Sohn Prashant führten seine Yogarichtung weiter. 80 Jahre ununterbrochener intensiver Yogapraxis und Lehrerfahrung brachten ihm weltweite Anerkennung. Das Iyengar Yoga überzeugte die Zeitgenossen. B.K.S. Iyengar bezieht sich in seiner Lehre auf Patanjali, den Verfasser der Yoga Sutras, und den von ihm beschriebenen achtstufigen Weg des Yoga.

Die Besonderheit des Iyengar Yoga

Iyengar entdeckte durch Selbststudium, wie subtile Bewegungen eine Haltung nicht nur vervollständigen, sondern ihr eine neue Qualität und Dimension erschließen. Das genaue, detaillierte Arbeiten am Körper verleiht dem Üben eine innere Dynamik. Jede Haltung wirkt auf den Menschen verjüngend und heilend. Gerade bei Menschen mit Erkrankungen oder Behinderungen hat BKS Iyengar beachtliche Erfolge erzielt. Neu war in seiner Methode, dass er Hilfsmittel zum Üben einsetzte. Gürtel, Holzklötze, Stühle, feste Kissen, Gewichte, von der Wand oder der Decke hängende Seile oder eigens gefertigte Bänke. Übenden mit wenig Erfahrung oder Kondition können so länger in einer Übung bleiben. Heute wird Iyengar Yoga in mehr als 70 Ländern unterrichtet und von ca. zwei Millionen Menschen praktiziert. Für mich ist das Iyengar Yoga eine sehr kompetente und wirkungsvolle Yoga Schule. Eine Ausbildung zum Yogalehrer / in dauert vier Jahre. Iyengar, der große Meister, starb am 20. 08. 2014 mit 95 Jahren. Beachten Sie die Literaturhinweise.
www.Iyengar – Yoga.de

d. Vidya Yoga

Eine weitere Yoga – Art bei uns ist Vidya - Yoga. Vidya -Yoga e.V. wurde 1995 von Volker Bretz, in Frankfurt gegründet. Er hat sich zum Ziel gesetzt, den klassischen, ganzheitlichen Yoga zu verbreiten. Das große Seminarhaus ist in Bad Meinberg. Sukadev, wie er sich nennt, praktiziert Yoga seit 30 Jahren. Er war 12 Jahre bei seinem Meister Vishnu Devananda, 1927 – 1993, in Indien. Dieser war wiederum Schüler von Shivananda, 1887 – 1963. Devananda lehrte eine Integration der bekannten Yogasysteme. So wurde Yoga auch weltweit bekannt. Von ihm inspiriert sind die „Internationalen Sivananda Yoga Vedanta Zentren“.
"Yoga Vidya“ ist Europas größter Seminaranbieter rund um Yoga, Ayurveda und verwandte Themen. Wir bieten dir viele Möglichkeiten, Yoga in all seinen Aspekten kennen zu lernen“ (Homepage). Dieses Yoga ist sehr „indisch“ geprägt. Angeboten werden Yogatherapie, Yogaurlaub, Kinderyoga, Seminare, Ausbildung, Weiterbildung, Übung mit Videos und Literatur.
Yoga ist natürlich für alles gut. „Viele Menschen finden heutzutage zum Yoga, um sich von Stresssymptomen wie Rückenschmerzen, Verdauungsproblemen, Kopfschmerzen, Schlafstörungen, Nervosität, Unruhe, Angst zu befreien. In der ganzheitlichen Yogatherapie werden die Yogatechniken an die jeweiligen Beschwerden angepasst und ein speziell auf Dich abgestimmtes Übungsprogramm von einem/r erfahrenen

Yogatherapeuten/in erstellt. Bei regelmäßigem Üben wirst Du positive Veränderungen in deiner Gesundheit, deiner physischen und psychischen Stabilität und in deinem Energiehaushalt verspüren.
Du wirst gelassener, fröhlicher und bist voller Schwung und Energie. Yogatherapie ist ein gesundheitsorientiertes Lebensstilkonzept für alle Menschen, die selbst etwas für sich tun wollen. "Jederzeit und überall". So wieder in der Homepage. Die Vermarktung wird groß geschrieben.
www.Yoga Vidya

Ich erwähne noch dem Yoga ähnliche Richtungen. Das Tai Chi, das Tai Chi Quan und das Qi Gong aus der Traditionellen Chinesischen Medizin (TCM). Manchem sagt diese meditative Bewegungsart mehr zu. Langsamkeit, Atemkontrolle und bildliche Vorstellungen sind die Elemente.

4 Westliche Körpertherapien

Die in der indischen Kultur entstandene, Jahrtausend alte Philosophie und Gesundheitslehre des Yoga Ayurveda hat dem Westen eine ganzheitliche Sicht des Menschen vermittelt. Der Mensch ist eine organisch fühlende Einheit. Im Westen, in Europa und den USA setzte sich durch die aufkommende Technik im 18. und 19. Jahrhundert das „mechanistische Modell“ durch. Der Mensch ist eine Maschine, die funktioniert wie ein Maschine. Der Takt bestimmt die Arbeit, nicht der Rhythmus der Natur. Je schneller, desto perfekter. Aber seit der letzten Jahrhundertwende dachten einige Pioniere anders. Sie schufen westliche Körpertherapien. Sie sahen den Körper als vielschichtigen Organismus an. Alle Methoden sind heute weiter entwickelt. Ein Überblick macht das deutlich.

a. Pilates Systematisches Körpertraining

Joseph H. Pilates wurde 1880 in Mönchengladbach geboren. Als Kind hatte er eine schwächliche Konstitution. Er war ein Vordenker im Fitnessbereich und seiner Zeit weit voraus. Er interessierte sich früh für westliche und östliche Trainingsmethoden. Er war ein ständig Lernender und war ideenreich. So baute er für deutsche Kriegsgefangene in England aus Bettfedern erste Trainingsgeräte. Er kehrte wieder zurück, um 1926 in die USA auszuwandern. Gemeinsam mit seiner Frau Clara eröffnete er in New York sein erstes Trainingsstudio. Seine Kundschaft waren Schauspieler, Tänzer, Künstler und auch Leistungssportler. Später auch Ärzte und Lehrer. Bekannt sind die Zitate: "Nach 10 Stunden fühlen Sie den Unterschied, nach 20 Stunden sehen Sie den Unterschied und nach 30 Stunden haben Sie einen neuen Körper." Und: "Wir verlieren zunehmend die Balance zwischen mentaler und körperlicher Gesundheit. Fitnessübungen und Sportarten ohne Balance wirken nur kurzfristig. Meistens sind sie mittelfristig sogar

kontraproduktiv." Bei uns wurde "Pilates" als systematisches Körpertraining in den 90er Jahren entdeckt und weiterentwickelt.
Neben den vielen Yoga -Angeboten spricht es die Leute an, die gegenüber fernöstlichem Gedankengut skeptisch sind. Durch das „Pilates - Training" werden Muskeln und Gelenke gezielt beweglicher. Dadurch werden gelernte Haltungs – und Bewegungs Muster angegangen. Die Kraft kommt aus der Mitte des Körpers, dem Bauchraum. Der Atem spielt eine wichtige Rolle. Josef Pilates gilt als Pionier der Körperarbeit. Trainer und Vorbild sein war sein Lebensinhalt. Er starb im Alter von 87 Jahren.
www.pilates.de

b. Feldenkrais - Methode Funktionale Integration

Die Feldenkrais Methode ist die zweite Art der Körperarbeit. Sie ist eine differenzierte Weiterentwicklung. Sie geht zurück auf Moshé Feldenkrais. Diese Körperarbeit ist heute weit verbreitet. Moshe Feldenkrais ist die zweite interessante Persönlichkeit. Er lebte und wirkte von 1904 bis 1984. Er war Physiker, Ingenieur und Judosportler. Bekannt wurde er in den 30er Jahren. Er beobachtete bei seinen Schülern ihre Bewegungsgewohnheiten. Sie waren die Ursachen für Fehlhaltungen und falsche Bewegungen. Moshé Feldenkrais entwickelte Bewegungssequenzen. Die Schüler sollten lernen, sich körperlich und gedanklich freier zu bewegen. Und dies auch bewusst tun. Wenn ich gehe, dann gehe ich. Wenn ich stehe, dann stehe ich. Damit nimmt man sich und seine Umwelt besser wahr. Auch die Gedanken verändern sich. Ich kann mein Verhalten bestimmen.
FVD - Feldenkrais Verband Deutschland e.V. München
www.feldenkrais.de

c. Alexander – Technik Biodynamik

Frederick Matthias Alexander ist geboren 1869 in Wynyard, Australien, gestorben 1955 in London. Die Alexander-Technik ist eine erlernbare Fähigkeit, besser mit sich selbst in den unterschiedlichsten Tätigkeiten und Lebenssituationen umzugehen. Sie kann unabhängig von Alter und persönlichen Voraussetzungen erlernt und lebenslang im Alltag und in den eigenen Interessensgebieten angewendet werden. Mit dem Erlernen der Alexander-Technik entdecken Sie Ihre natürliche Koordination wieder und können gelassener mit Herausforderungen umgehen. Sie werden aufmerksam auf Gewohnheiten im Verhalten, Bewegen und Denken, die Ihnen nicht gut tun, die Sie in Ihrer Ausdrucksfähigkeit und Ihren Lebensäußerungen einschränken und längerfristig zu Verspannungen, Schmerzen, Haltungsschäden, Nervosität und Erschöpfung führen können. Und sie lernen, wie Sie diese Gewohnheiten ablegen und verändern können.

www. ATVD Alexander – Technik – Verband Deutschland e.V.

d. Rolfing Strukturelle Integration

Dr. Ida Rolf, 1896 – 1979, USA, war eine Vorreiterin der Faszien -Forschung und der Faszien - Therapie. Erst Jahrzehnte nach ihrem Tod hat die Wissenschaft begonnen, Ida Rolfs wegweisende Beobachtungen zu belegen. Als eine der ersten Frauen in den USA erwarb Ida Rolf 1920 einen Doktortitel in Biochemie an der Columbia University. Danach arbeitete sie am renommierten Rockefeller-Institut. Als Wissenschaftlerin studierte sie vor allem die Eigenschaften des menschlichen Bindegewebes.
Daneben beschäftigte sie sich mit Yoga, Osteopathie und Homöopathie.
Mitte des 20. Jahrhunderts entwickelte Ida Rolf ihre Behandlungsmethode, die auf einem ganzheitlichen Verständnis unseres Körpers beruht und einbezieht, wie Verspannungen entstehen und sich gegenseitig beeinflussen. Die Schwerkraft des Körpers ist der Therapeut. Die Arbeit besteht darin, die inneren Strukturen des Körpers so zu bearbeiten, dass die Schwerkraft ungehindert als Auftrieb wirken kann. Dies wirkt sich aus beim aufrechten Stehen, gerade Sitzen und Aufstehen. Mit „Struktureller Integration“ ist dies gut ausgedrückt. Ida Rolf stand in einem intensiven Austausch mit Moshe Feldenkrais, F.M. Alexander und Fritz Perls, dem Begründer der Gestalttherapie.
www. Rolfing Verband Deutschland e.V.

e. Hanna Somatics Beweglich sein - ein Leben lang

Thomas Hanna, 1928-1990, hat mit Somatics (Soma heißt der Körper) ein körpertherapeutisches Heilverfahren für chronische Muskelverspannungen, tiefliegende Traumata und akute Spannungszustände entwickelt. Er beschreibt in seinem Grundlagenwerk "Beweglich sein – ein Leben lang", dass die gestörte Funktion des Bewegungsapparats aus falschen Verhaltensmustern resultiert. Der Körper speichert sie ohne bewusste Wahrnehmung anstelle gesunder Muster ab. Man spricht von einem Muskel, dessen Funktionsweise im Gehirn „vergessen" wird. Dieses Vergessen nennt Hanna "Sensomotorische Amnesie". Die sogenannten "Reflexmuster" sind dafür verantwortlich. Heute wird dies durch eine ganzheitliche Physiotherapie behandelt.
www. VPT Verband Physikalischer Therapie

f. Alexander Lowen Bioenergetik

Dr. Alexander Lowen, 1910 – 2004, war praktischer Psychiater und gründete 1956 in New York das „Institut für Bioenergetik". Auch diese Körpertherapie wurde aufgegriffen und weiterentwickelt. Neue Erkenntnisse aus den Fachgebieten der Biologie, Biophysik und Biochemie zeigen, wie durch Energieumwandlung Strukturen erweitert werden. Die HF-Bioenergetik wurde aus der Energie- und Informationsmedizin von Hartmut Fraas, Biophysiker, entwickelt. Diese Massageart ist eine wirkungsvolle Behandlungsmethode. So wird gezielt die Ordnung der Zelle und der Organe wiederhergestellt. Die Kommunikationsverbindung der Organe und das Immunsystem werden gestärkt. Zahlreiche Studien und Pilotprojekte belegen den positiven Einfluss der verschiedenen Behandlungsmethoden nach Hartmut Fraas.
www. HF Bio Energetik. Institut und Akademie

g. Gerda Alexander Eutonie

Gerda Alexander wurde 1908 in Wuppertal geboren und studierte Rhythmik und Bewegungserziehung. Ihr Interesse galt der Musik, dem modernen Ausdruckstanz, dem Theater und der Entfaltung der Persönlichkeit. Sie wurde zu einer der bedeutenden Frauen des vergangenen Jahrhunderts. Sie übte einen wichtigen reformpädagogischen Einfluss auf Bewegungs- und Heilkünste aus. Aufgrund ihrer gesundheitlichen Beschwerden begann sie ihren Körper und seine Gesetzmäßigkeiten zu erforschen. Ihre Beobachtungen halfen ihr, ökonomische und kraftsparende Bewegungsmöglichkeiten zu entwickeln. Sie fand damit zugleich Wege, die Selbstregulierungs- und Heilkräfte im Organismus zu fördern. Die Tonus-Adaption wurde zur Basis und zum Ziel ihrer Arbeit. Aus ihrem jahrzehntelangen Forschen, Erfahren und Beobachten heraus entstand eine Arbeitsweise, die auf bestimmten methodischen Grundsätzen basiert. Hauptprinzipien ihres Übungsweges sind: Berührung, Kontakt, Transport und Kraftübertragung. 1940 eröffnete sie die Gerda-Alexander-Schule in Kopenhagen. Dort bildete sie bis 1987 ihre internationalen Schülerinnen und Schüler in Eutonie-Pädagogik, Eutonie-Therapie und Eutonie-Bewegungsgestaltung aus. Für Gerda Alexander war es ein Anliegen, dass die Schülerinnen und Schüler ihre eigenen Bewegungsformen entdecken und so ihre Kreativität entfalten.

Ab 1957 nannte sie ihre Arbeitsweise “Eutonie”. Sie fand mit ihrer Methode internationale Anerkennung. 1986 gründete Karin Schaefer unter der Schirmherrschaft Gerda Alexanders eine Eutonie-Ausbildungsstätte in Deutschland. Von Renate Riese wurde sie von 2006 bis 2014 weiter geführt. Ihre letzten Lebensjahre verbrachte Gerda Alexander wieder in Wuppertal. Dort verstarb sie 1994.
Deutscher Berufsverband
für Eutonie Gerda Alexander e.V. (DEBEGA)
www. Eutonie Gerda Alexander.de

Ausblick

In meiner 45 - jährigen Bildungsarbeit versuchte ich immer einen ganzheitlichen Ansatz zu vermitteln. Der Einstieg während meines Studiums geschah über Yoga. Damit habe ich mich hauptsächlich beschäftigt. Der Blick auf westliche Körperarbeit - Therapien war für mich immer ein Gewinn. Durch Referenten in meinen Kursen, ob in Yoga-, Fasten- und Meditation Kursen, in der Seniorenarbeit und auf Bildungsreisen, ging mein Blick stets über “den eigenen Tellerrand“ hinaus. Denn jede “Schule“ sieht andere Aspekte.

Schwungvoll in den Tag

Wie wir den neuen Tag erleben, welche Empfindungen uns durch die Seele, welche Gedanken uns durch den Kopf gehen, prägt den Verlauf des Tages. „Schwungvoll“ meint Leichtigkeit und Lebensfreude. Um diese Haltungen einzuüben, ist der „Gruß an die Sonne“ ein bewährter Anfang. Diese dynamische Übung prägt uns außen und innen. Andere Elemente aus anderen Schulen sind eine gute Ergänzung.
Der „Gruß an die Sonne“ hat sich im Laufe von 3 Jahrtausenden aus der religiösen indischen Tradition und Kultur entwickelt. Der Zyklus ist einfach, aber fordert heraus. Yoga war immer ein Weg von außen nach innen. Dies sollte der “achtgliedrige Pfad des Patanjali“ aufzeigen. Er führt zur Meditation, in die Tiefe. Die Erfahrung des Lichts erlebt der Übende mit dem erwachenden Tag und der aufgehenden Sonne.

Westliche Körper Therapien haben sich durch Pioniergeist entwickelt. Meist hatten diese Männer und Frauen selbst Probleme. Sie haben sich damit auseinander gesetzt. Heute spielen körperliches Wohlbefinden, gute

Gesundheit und Beweglichkeit eine große Rolle. Wer keinen Zugang zu fernöstlichen Wegen hat, der findet hier seinen Weg.

Die modernen Naturwissenschaften

Die heutigen Erkenntnisse der Naturwissenschaften geben uns neue Einblicke in unseren Organismus: Quantenphysik, Biomechanik, Biochemie, Molekularbiologie, Neurophysiologie, Neurobiologie, Neuropsychologie, Energie Medizin nach Dr. Banis, psychologische Medizin. Sie geben uns erstaunliche Einblicke in unseren Organismus. So entstanden neue Therapieformen wie z. B. Osteopathie, Neuraltherapie, Myoreflex Therapie und Spiralstabilisation der Wirbelsäule nach Dr. Smisek.
Die Schulmedizin stößt immer mehr an ihre Grenze. Das Motto, der Mensch muss unbedingt funktionieren, führt in eine Sackgasse. Wir sind eine organische Einheit im Bewegen, Empfinden, Fühlen und Denken. Wir leben in Rhythmen.

Ich schreibe diese Zeilen in der Zeit der Corona Pandemie. Sie ist bei uns zu Beginn der Frühlings Anfang März 2020 ausgebrochen. Wir stehen am Beginn epochaler weltweiter Umbrüche. Dies in allen Bereichen. In diesen Wochen spüren wir auch, was „Entschleunigung" bedeutet. Plötzlich sind wir auf uns selbst zurückgeworfen. Die Anregungen praktischer und theoretischer Art dieses Büchleins können uns zum Umdenken einladen. Sie können zu einer inneren Stärke beitragen.

5. Fragen zum Thema Yoga und Versuch einer Antwort

1. Warum heißt dieser Übungszyklus »Gruß an die Sonne«?

Wenn es langsam hell wird und die Dunkelheit zurückweicht, ist die Nacht Ruhe zu Ende. Wir danken für die Ruhe der Nacht und begrüßen das Licht, das darin in aller Pracht mit der Sonne erscheint. Die Sonne zieht ihre Bahn und begleitet so unser Leben. Der »Gruß an die Sonne« ist ein Gebet der Ehrfurcht, des Dankes und auch der Bitte. Diese Art des Morgengebetes hat in Indien eine lange Tradition. Allerdings ist im Laufe der Zeit der religiöse Inhalt des Sonnengebetes mehr und mehr verloren gegangen.

2. Wodurch unterscheiden sich diese Körperübungen von Gymnastik?

Gymnastische Übungen werden meist mechanisch ausgeführt. Ihr Ziel ist es, eine bestimmte körperliche Fertigkeit zu trainieren. Yoga dagegen ist ein meditativer Vorgang, der Körperarbeit, seelisches Empfinden und Gedankenarbeit miteinander verbindet. Mit diesem Gesamtkonzept wird eine ganzheitliche Erfahrung erst möglich.

3. Können die Übungen schaden?

Schaden können die Übungen nur, wenn der Übende seine Grenzen, seine Schmerzgrenzen, nicht kennt. Wer schnelle Erfolge und perfekte Leistung als Ziel hat, dem können die Übungen nicht gut tun. Nicht geeignet ist der Zyklus für diejenigen, die schlecht geschlafen haben oder morgens nervös und müde aufstehen. Ich empfehle dafür, ganz einfache und langsame Bewegungen zu machen. Sich zu schütteln, sich leicht abzuklopfen, sich zu drehen und zu strecken.

4. Was kann ich tun, wenn der Übungszyklus für mich zu anstrengend ist?

Ungeübte haben mit den im sechsten Kapitel beschriebenen Übungen oft Schwierigkeiten. Leicht passiert es dann, dass sie Mut und Motivation verlieren. Empfehlenswert ist in diesem Fall, die Übungen fantasievoll zu variieren und nach eigenem Ermessen zu dosieren. Hilfreich ist auch, einen Yoga - Kurs für Anfänger zu besuchen.

5. Wird "Körper Arbeit" heute nicht übertrieben?

Wenn „Körper Arbeit" zum Körperkult ausartet, ist Vorsicht geboten. Unser Organismus ist ein Wunderwerk. Nehmen wir unsere körperliche Befindlichkeit ernst, dann liegt darin auch eine Botschaft. Denn die »Sprache des Körpers« lügt nicht.

6. Kann mich das »Sonnengebet« auf einen spirituellen Weg bringen?

Das täglich praktizierte »Sonnengebet« kann in uns den „spirituellen Kern" wecken. Nach dem Üben gehen wir bewusster und gelassener in den Tag. Die Tätigkeiten gewinnen eine andere Qualität. Vielleicht ändert sich auch unser Sprechen. Die Gedanken am Morgen prägen mein Verhalten tagsüber.

7. Was bedeutet es, im Alltag einen spirituellen Akzent zu setzen?

Viele wünschen sich, eine bestimme Zeit auszusparen, für Gespräche, für Lektüre, für Stille, für Spiele, zu einem Spaziergang, zum Tanzen, zum Meditieren, zum Beten. „Langsamkeit“ in unserer hektischen Zeit einzuüben ist sehr wichtig.

8. Sind für die Übungen bestimmte Voraussetzungen notwendig?

Den „Gruß an die Sonne“ täglich zu üben, bedarf einer inneren Disziplin. Die Befindlichkeit am Morgen ist sehr unterschiedlich. Hilfreich ist ein etwas gestalteter Platz in der Wohnung zu haben. Ein schöner Teppich motiviert. Dazu eine Yogamatte und dünne rutschfeste Matte.

9. Welche Vorteile hat das Üben zuhause?

Alleine zu üben ist eine Herausforderung. Manche belegen lieber einen Yoga Kurs. Zuhause kann man frei planen, man spart Zeit und Geld.

10. Bringt mich Yoga mit dem christlichen Glauben in Konflikt?

Wer sich mit Yoga beschäftigt und sich um eine eigene Spiritualität bemüht, braucht sich nicht um den Verlust des christlichen Bezugsrahmens zu sorgen. Yoga ist keine Religion. Yoga in unserem Verständnis kann den persönlichen Glauben stärken. Nach dem klassischen Yoga des Patanjali geht es darum, sich von den Verstrickungen des eigenen Ichs und der Welt zu lösen. Wir hängen alle an unserem Leben, mehr unbewusst als bewusst. Das Christentum ist nicht in erster Linie eine Lehre, eine Doktrin, es ist ein „Weg“.

11. Wohin kann ich mich wenden, wenn ich mich intensiver mit Yoga beschäftigen möchte?

Yogakurse werden überall angeboten. Aber wie wird Yoga vermittelt? Aus welcher “Schule“ kommt die Yogalehrerin, der Yogalehrer? Haben sie eine Qualifikation? Welche? Haben sie lange Erfahrung? Es gibt Kriterien für eine solide Yoga Arbeit.

Diese "Gemälde" habe ich auf einer Bretterwand eines Eingangs auf einem Spaziergang in der Nähe von Bad Doberan entdeckt.
Ich gebe sie dem Leser mit auf seinen Lebensweg.

6. Begriffe und ihre Erklärungen

Asanas

Klar definierte Körperstellungen und Bewegungsabläufe. Sie stärken den ganzen Körper und verändern auch das Bewusstsein. Die äußere und innere Haltung sollen übereinstimmen. Die Übungen werden immer mit dem bewussten Atmen verbunden!

Atman

Der innere Wesenskern eines jeden Menschen, frei und unberührt vom äußeren Geschehen. Er ist unsterblich. Er ist unser wahres Selbst, weder Denken, noch Fühlen, noch Bewusstsein. Dieses „Selbst“ (Atma) ist göttlich.

Ayurveda

Das Wissen vom richtigen, maßvollen Leben. Ayurveda ist die traditionelle indische Heilkunst. „Ayus“ meint den „Zusammenhalt“, das, was den ganzen Menschen zusammenhält.

Bhagavad Gita

Ein religiöses Epos, eine Art Heilige Schrift, ca. 300 v. Chr.

Bhakti

Hingabe an Gott, Verehrung, daher auch Bhakti - Yoga

Brahma

Der Schöpfergott. Die erste Gottheit der hinduistischen „Trinität“.
Shiva ist der zerstörende, Vishnu der am Leben erhaltende Gott.

Brahman

Es ist das höchste Ordnungsprinzip des Weltalls, das Absolute, die alles durchdringende göttliche Wirklichkeit, das kosmische Selbst.

Chakra

Das Rad, die Scheibe, das Energiezentrum, Energiewirbel. Es gibt sieben Chakren. Damit sind Zentren unseres Nervensystems gemeint.

Darsana

Vision, Verständnis, Standpunkt, Lehre, „Sicht des Daseins“. Es gibt sechs Darsanas oder Weltanschauungen.

Dharana
"Festhalten der Gedanken". Die Konzentrationsmethode auf dem Übungsweg des Patanjali – Yoga.

Dhyana
Meditation, Innenschau, vorletzte Stufe auf dem „achtgliedrigen" Übungsweg des Patanjali – Yoga. Aus dem Sanskritwort wird in China „Chuan", in Japan „Zenna". Die „Zen – Meditation" ist die gegenstandslose Meditation des Buddhismus.

Guru
Der „Licht ins Dunkel bringt". Lehrer, spiritueller Begleiter, der Meister.

Hatha
Körperliche, physische Kraft und Stärke.

Hatha – Yoga
Es ist das Yoga der Kraft, der Stärke und Ausdauer. Die systematische Ausarbeitung dieser Körperarbeit begann um 1300 n. Chr. in Indien.

Hatha Yoga Pradipika
Ein Standardwerk von Svatmarama im 16. Jh., ein wesentlicher Quellentext des Hatha – Yoga. Wörtlich „Leuchte des strengen Yoga".

Karma
Tun, Tat, Handlung

Karma Yoga
Die Haltung der „Achtsamkeit" und „Hingabe" bei der alltäglichen Arbeit.

Kosha (koscha gesprochen)
Gefäß, körperliche Hülle. Nach der Tradition gibt es fünf Koshas:
1. Annamaya – kosha: nahrungshafte Hülle; 2. Pranamaya – kohsa: atemhafte Hülle; 3. Manomaya – kosha, gedankenhafte Hülle; 4. vijnanamaya – kosha: erkenntnishafte Hülle; 5. Anandamaya – kosha: wonnehafte Hülle, feinste Hülle um das Selbst

Mantra
Vers des Veda, heiliges Wort, Gebet, heilige Formel, einfach Wort.

Nadi

„Röhre“, feinstofflicher Kanal, Nervenbahnen. Die zwei wichtigsten Nadis sind entlang der Wirbelsäule rechts und links.

Nyama

Diszipliniertes Verhalten sich selbst gegenüber: Ethik des Yoga, zweite Stufe des Patanjali – Yoga.

OM oder AUM

Heilige Silbe, Lautsymbol des Göttlichen, Gottes Laut, Klang und Schwingung. A = Anfang, U = Mitte, M = Ende

Upanishaden

Mystische Texte, die zwischen 900 – 300 v. Chr. entstanden sind. Dazu gehören die Chandogya und Taitiriya Upanishad.

Patanjali

Er ist der angebliche Verfasser der „Yoga Sutras“. Als Person ist er nicht historisch nachgewiesen. Der „Achtgliedrige Yoga – Pfad“ ist in der Zeit zwischen 100 v. Chr. und 250 n. Chr. unter Beteiligung vieler entstanden.

Yoga Sutra

Dies ist ein klassisch-philosophischer Grundlagentext mit 195 Merksätzen. Verschiedene religiös – philosophische Systeme wie die Samkya–Philosophie, die Vedanta und buddhistisches Gedankengut prägen das Sutra.

Prana

Atem, Lebensenergie, Lebensprinzip. Es gibt fünf Prana Arten im Körper. Sie werden im Prana - Yama eingeübt.

Pranayama

Atemtraining, vierte Stufe des Patanjali – Yoga. Um einen Effekt zu erzielen, sollte man täglich eine Stunde üben. Dazu gibt es eigene Techniken.

Pratyhara

Rückzug der Sinne, fünfte Stufe des „Yogaweges“ bei Patanjali.

Sadhana

Geistige Übung, Training, spiritueller Weg

Samadhi

Der Prozess der Verbindung mit dem „eigenen Wesenskern“, Dies wird oft wiedergegeben mit „Erleuchtung“: Es wird hell im Leben, man sieht „klar“, man sieht die Wirklichkeit, wie sie ist. Es ist das Ziel des „Weges“ und der Meditation. Dies ist aber nie ein Dauerzustand, sondern muss immer wieder erworben werden.

Samkhya

Wörtlich aufzählendes Wissen. Eine der sechs Darsanas als dualistische Weltsicht, meist Samkhya - Yoga genannt. Eine wichtige philosophische Richtung der indischen Geistesgeschichte.

Sanskrit

Die altindische Literatur- und Gelehrtensprache. Als Umgangssprache wurde sie vom Pali verdrängt. Da die alten Texte in Sanskrit geschrieben sind, gilt sie als „heilige Sprache“.

Surya

Neben Agni ,Feuer, eine Sonnengottheit. Surya ist die Sonne.

Surya Namaskara

Vom „Gruß an die Sonne“ als Morgenritual wurden verschiedene Yogahaltungen zu einem Bewegungsablauf kombiniert. Jahrtausend alte Erfahrungen sind in diese Übungsfolge eingeflossen.

Sutra

Heißt „Leitfaden“, ein sprachlich reduzierter Ausspruch oder Merksatz. Er fasst oft eine ganze Lehre oder Tradition zusammen.

Upanishadas

Mystische Texte, die am Ende einer langen religiösen Entwicklung entstanden sind.

Yoga

Der oder das Yoga. Das Sanskritwort ist „yui ,gesprochen judsch, die indogermanische Wuzel: Joch; lateinisch Yugum. Meint „verbinden“, „zusammenbringen“, “ in Beziehung setzen“. Yoga ist eine der sechs philosophischen Richtungen im Hinduismus. Was hält die Welt, den Menschen, das Universum zusammen, woher kommt Leid und Tod. Diese Fragen standen im Mittelpunkt.

Veda, Vedanta

"Heiliges Wissen", die älteste „Offenbarung" des Hinduismus. Es gibt vier Sammlungen: Rig Veda; Yaju Veda; Sama Veda und Atharva Veda. Diese Sammlungen wurden im Laufe von vielen Jahrhunderten kommentiert und erweitert. Es ist ein gewaltiges Schrifttum.

Ausblick

Beweglich bleiben – ein Leben lang

Ich glaube, es ist der Traum eines jeden Menschen, beweglich zu sein und beweglich zu bleiben. Schauen wir die Kinder an. Sobald sie auf eigene Füße stehen können, haben sie Freude an der Bewegung. Sie suchen alle Möglichkeiten auf, um zu springen, zu hüpfen, sich zu drehen, zu laufen, zu balancieren. Dabei drücken sie ihre Freude durch Lachen oder Singen aus. Durch unser Körperbau sind wir auf Bewegung angelegt. Diese Bewegung ist rhythmisch. Die Neurobiologen, Immunologen und Stressforscher betonen gerade heute diese Tatsache.

Mit dem Älterwerden nimmt unsere Beweglichkeit ab. Die ungeübten Sehnen und Muskeln verkürzen sich. Sie werden hart. Das Gehirn als Steuerungsorgan sendet immer schwächere Impulse an die Organe.

Beweglichkeit sollte täglich bis ins hohe Alter geübt werden.

Der „Gruß an die Sonne“ ist ein rhythmisches Geschehen. Bewegung – und Atemrhythmus gehören zusammen. Ich spüre, wie ich energievoller, lebendiger werde. So kann ich den Tag in den Blick zu nehmen. Mit meinen 80 Jahren spüre ich das jeden Morgen. Mit einfachen Übungen aus dem Yoga und mit Elementen des „Sonnengrußes“ beginne ich den Tag.

Pflegen Sie das „Grundgefühl“ für Bewegung. Üben Sie! Bleiben Sie lebendig – ein Leben lang.

6. Literatur - Hinweise

Aundh von Rajah, Das Sonnengebet, Artha, o.J., 18. Aufl.
Sivananda, Das Sonnengebet, Humata, o. J. 4. Aufl.
Pfannstiel C., Der Sonnengruß, dtv 1997
Painadath S., Das Sonnengebet, München 2000
Wurz H., Das indische Sonnengebet, Pattloch 1996, vergriffen
Wurz H., Das Sonnengebet, Herder 2002, vergriffen
Wurz H., Erhelle dein Leben, Surya Namaskar, Novum Pro, Neckenmarkt 2009, vergriffen
Mukerji / Spiegelhoff, Yoga und unsere Medizin, Stuttgart 1963
Bäumer, Patanjali, Die Wurzeln des Yoga, München 1995
Bäumer, Upanishaden, München 1997
Berufsverband Deutscher Yogalehrer (Hrsg.), Der Weg des Yoga
Handbuch für Übende und Lehrende, Petersberg 1991
Bögle, Yoga. Ein Weg für dich. Zürich 1991
Brunner / Hanewald, Yoga und Ayurveda, Düsseldorf 1994
Gentschy, Yoga und christliche Spiritualität, München 1989
Iyengar B. K. S., Licht auf Yoga, München 1975
Iyengar B.K.S., Licht auf Pranayama, München 1984
Iyengar B. K. S., Der Baum des Yoga, München 1991
Iyengar B.K.S., Yoga, Der Weg zu Gesundheit und Harmonie, DK 2008
Iyengar B.K.S., Mein Yoga, Entspannung, Fitness, Inspiration, DK 2009
Schatz, Yoga für den Rücken, Trias 1992
Trökes Anna, Yoga, Klett Verlag 1991, Handbuch VHS
Trökes Anna, Yoga, Klett Verlag 1991, Kursbuch 1991
Schlensog Stephan, Der Hinduismus, Piper 2006
Lobo Rocque, Yoga - Sensibilitätstraining für Erwachsene,München 1982
Lobo, Rocque, Yoga-Elementarkurs, Bde. 1 bis 6, München 1986
Mehta, Yoga-Gymnastik für Entspannung, Energie und Wohlbefinden
Handbuch der Iyengar Methode, München 1991
Tatzki/Trökes/Pinter/Neise, Theorie und Praxis des Hatha-Yoga
Leitfaden zur Erfahrung der Energie, Petersberg 1995
Sriram, Yoga, Neuen Schritte in die Freiheit, Theseus 2002, 2. Aufl.
Acharya, Yoga – ein Weg mit Gott, Kösel München 1992
Eliade, Yoga – Unsterblichkeit und Freiheit, Frankfurt 1977
Eliade, Der Yoga des Patanjali, Freiburg 1999
Baier, Yoga auf dem Weg nach dem Westen, Würzburg 1998
Vineeth, Yoga der Spiritualität, Christliche Einführung die indische spirituelle Tradition, Bangalore 1995
VIVEKA, Hefte für Yoga, Meranerstr. 6, 10825 Berlin, 40 Hefte 2007
Mosetter, Cavelius, Pape, Die vier Kräfte der Selbstheilung,

GU, 3. Aufl. 2013
Gelb Michael, Körperdynamik, Eine Einführung in die Alexander Technik, 2001 Econ
Lowen Alexander, Bioenergetik als Körpertherapie, rororo 1998
Schnack Gerd, Sieben Brücken für den Rücken, Kösel 2011
Luijpers Wim, Die Heilkraft des Gehens, Goldmann 2. Auflage 2014
Schwind Peter, Alles im Lot, Eine Einführung in die Rolfing – Methode, Knaur 2011
Drake Jonathan, Alexander Technik im Alltag, Kösel 1993
Schleip Robert, Faszien Fitness, Riva 5. Auflage 2015
Hanna Thomas, Beweglich sein – ein Leben lang, 13. Auflage 2012, Kösel
Milz Helmut, Der wiederentdeckte Körper, dtv 1994
Isakovitz, Pilates, Weltbild Verlag
Das Pilates Lehrbuch, Weltbild Verlag
Rincke Eva, Josef Pilates, Biographie, Herder

Printed by Books on Demand GmbH, Norderstedt / Germany